〔英〕阿尔弗雷德·诺思·怀特海（Alfred North Whitehead）著

周邦宪 译
邓燕 校

The Aims of
Education

教育的
目的

商務印書館
The Commercial Press

Alfred North Whitehead

THE AIMS OF EDUCATION

And Other Essays

Copyright © 1929 by The Macmillan Company

根据美国新美国世界文学图书馆 1949 年版译出

商务印书馆（成都）有限责任公司出品

目 录

I　　阿尔弗雷德·诺思·怀特海其人……菲利克斯·弗兰克弗特

V　　前　言

1　　第一章　教育的目的

21　　第二章　教育的节奏

41　　第三章　对自由和纪律的要求应有一定的节奏

59　　第四章　技术教育及其与科学、文学的关系

81　　第五章　经典在教育中的地位

101　　第六章　数学课程

117　　第七章　大学及其职能

131　　第八章　思想的组织

155　　第九章　剖析一些科学概念

201　　第十章　空间、时间和相对性

217　　译后记

阿尔弗雷德·诺思·怀特海其人

菲利克斯·弗兰克弗特[①]

根据我多年来对当代那些影响过美国大学生活的人物的认识,我一直坚信,没有任何人能像已故教授阿尔弗雷德·诺思·怀特海那样影响深远。只要我的这一说法适于这个国家最古老的大学,它当然就难容争辩。怀特海这位思想家,他的大多数哲思不为其同代人所理解;他所传授的思想引起了骚动,我所欲描绘的,正是这一思想的性质。

我们的大学存在严重的缺陷,与这个国家的智识生活不协调,这已是众所周知之事。大学之不足,也许其分科制是祸根。在学生和老师中都有一种倾向,认为课程是某种天然存在的东西,而不是为了让人更易掌握复杂体系而人为划分的东西,无论是关于自然、理性或社会的东西。怀特海教授

[①] 菲利克斯·弗兰克弗特(Felix Frankfurter),美国高等法院大法官,曾任教于哈佛大学,是怀特海的朋友。[本书注释如无特别说明,均为译注]

施加了强有力的影响,来打破大学各系中的这一分科制度。

自 1924 年到哈佛以来,怀特海教授便对人灌输这样的观点:学科(姑且用这一流行术语)之间是相互依赖的。凡受到他人格感召的人,枯燥的专业训练顿时化为生动,立即有了令人兴奋的意义,其眼界也随之扩大。那正是他品质的神奇之处,平静、几近羞怯,其影响却在不经意间迅速渗透了整个大学。

人们普遍感到,打破扼杀生机的分科制是必要的。然而不幸的是,这样的呼声过于频繁,于是便被人描述为——说得巧妙却并非太不公平——社会科学间的互戕。那是人们的一种倾向,即通过对其他领域的某一可疑真理的阐述,来解决一个困难问题,比如法律方面的问题。

怀特海教授坚持认为,只有意识到思想、观念、惯例之间的相互依赖关系,才谈得上理解。他的这一见解颇异于他人。

他严厉地拒斥语言构筑的假象,绝不将确实与确信混为一谈。简言之,他自有主张,不为情感所动,因为他感到宇宙浩渺无边。他不相信封闭的系统,因为它们囚禁了洞见和经验可能的创造性。他之所以对准确可靠的思维苛求到无情的程度,正是因为他认为,甚至最严格的思想也不能达到完满理解的程度。

他启发了成百上千的学生,还有那些刚从中学毕业的年轻人，以及他的同事们（他们本身就很杰出），使他们有了更深的认识、更美好的憧憬。他做到这点并非是通过上课或讲座，而主要是通过非正式的、随意的谈话，大多数时间都在他那简朴的公寓里。这甚至使得最羞怯的新生也感受到参与讨论的兴奋。后来凡有成就，都使他们想起那些难忘的时刻。更不消说怀特海夫人那掩藏不住的亲切悦人的风度了。

怀特海教授和善而高雅，声音悦耳，谈吐不俗，他的英语谈话好似音乐；其幽默，足以照亮黑暗之地；其谦卑，足以让愚钝者变聪明、寡言者勇于吐露心声。二十年来，怀特海教授的影响巨大，辐射四方。他人在哈佛，故影响遍及哈佛；其影响之所以超越哈佛，则因为哲人之所以为哲人。人们之所以来哈佛，也是因为哲人在此。那些并无知识背景来理解他的著作的人们，却慕名读他的书。这也部分解释了人们何以说他难懂。任何乐意阅读严肃著作的人，都不难在他的那些非专业性的章节中发现沛然的文采，诸如在最近出版的《科学与哲学论文集》（*Essays*）和《观念的冒险》（*Adventures of Ideas*）中。

如果我们的大学是重要的，那么研究（无论何等地不充分）阿尔弗雷德·诺思·怀特海这样的教师的品质就是重要的。只要那些肩负着积累世界知识财富之职责的机构对于社会是重要的，大学便是重要的。谁会质疑怀特海教授的这一信念：当今世界智识文明的命运在很大程度上取决于如何运作我们的大学?"当初爱琴海海岸适逢机会,且利用好了它;意大利适逢机会,也利用好了它;法国、英国、德国当初也是如此。今天美国东部各州也适逢机会,它们会怎么利用它呢?此问题有两个答案。巴比伦曾经利用机会造了巴别塔。巴黎大学则利用机会塑造了中世纪的才智之士。"

美国大学面临的棘手问题则是,它们将如何运用自己的能力和职责?

1948 年 1 月 7 日于华盛顿

以上这一评论最初是写给《纽约时报》的一封信,于 1948 年 1 月 8 日在该报发表,离怀特海教授去世不久。这次,承蒙《纽约时报》及本文作者大法官弗兰克弗特先生俯允,将其作为门特尔丛书(Mentor edition)中《教育的目的》一书的导言重新发表。

前　言

本书总的话题是智识方面的教育。一个主题贯穿各章，并在各章中以不同的视角得到阐述。它可简单概括为：学生是有生命的活人，教育的目的应是激发和引导他们的自我发展。由此前提可以推论：教师也应是具有生动思想的活人。全书都在反对僵死的知识，即反对惰性思想。全书各章（第九章除外）都是在教育团体或科学协会不同会议上的发言。它们或则出自实际的经验，或则是对教育实践的思考，或则是对构成教育内容的那些话题的意义所进行的评论。

书中提到的教育制度是英国的。英国教育制度的成败得失都略不同于美国。不过，书中对教育制度的那些说法都只是用来说明问题的——普遍的原则同样适于这两个国家。

这些发言中最早的是1912年在英国剑桥召开的国际数学家大会教育分会上所作的。最迟的一份发言则是1928年在麻省剑桥的哈佛商学院所作的。第一、四、六、八、九章以及第十章都曾在拙著《思想的组织》(*The Organization of Thought*)中发表过（威廉姆斯和诺盖特出版社，伦敦，1917年）。第二章"教育的节奏"，曾作为一本独立的小册子出版过（克里斯托弗斯出版社，伦敦，1922年）。这次再版略有删减，但无其他改动。特别要提的是，本书最后三章——除了略有删节——还保持着1917年初次发表时的原样。因此，它们就不应被解释为对我那之后作品的评论。它们的真实关系应该是相反的。

承蒙《希伯特杂志》(*The Hibbert Journal*)编辑俯允再版第三章"对自由和纪律的要求应有一定的节奏"和第五章"经典在教育中的地位"，《大西洋月刊》(*The Atlantic Monthly*)编辑俯允再版第七章"大学及其职能"，特此致谢。

A. N. 怀特海

哈佛大学

1929年1月

第一章　教育的目的

文化是思想活动，是对美和人道情感的接纳。片段的知识与它毫无关系。食书不化的人在这个星球上最无用且最令人生厌。我们要培养的是既有文化又在某一特别领域有专业知识的人。专业知识会给他们起步的基础，文化则会使之有哲学之深邃，艺术之高雅。我们须知，有价值的智力发展即自我发展，通常发生在 16—30 岁之间。至于培养，最重要的部分是 12 岁前由母亲给予的。大主教坦普尔（Archbishop Temple）的一句名言可诠释我的意思。有个人，孩童时在拉格比公学表现平平，成年后却出了名，人们对此惊讶不已。对此，大主教答道："重要的不在于他们 18 岁时怎么样，重要的在于他们在那之后发展得怎么样。"

训练一个儿童思考，我们最该注意的就是我将称之为"惰性思想"（inert ideas）的那种东西，即未经应用、未经测试、未经翻新组合，便径直接收进大脑的那种思想。

教育史上最引人注目的现象就是，一些学术流派在一个时期由于有天才的冲动而显得生机勃勃，但到了下一代，却表现得迂腐而因循守旧。其原因是，它们负担着惰性思想的沉重包袱。以惰性思想进行教育，不仅无用，更是有害——精英之腐败即最糟之腐败①。除了极少的间歇性智识冲动，过去的教育一直都严重地习染了惰性思想。那就是为什么未受教育但见多识广的聪明女性，在中年时大都成了社会最有文化的群体。她们有幸未承载惰性思想的可怕重压。每一次激发人类走向伟大的智识革命，都激烈地反对惰性思想。然后，唉，由于对人类心理可悲的无知，它便沿袭某种教育的成规，用自己的那一套惰性思想重新束缚了人类。

我们现在不妨问一下，在我们的教育体制中，我们应如何防止这种精神上的干枯？我们提出两条教育戒律："教忌庞杂""教宜深透"。

将大量学科的零星知识教给学生，只会使之被动地接受互不关联的思想，即那些并未被任何生命的火花照亮的思想。传授给学生的主要思想应少而精，且应尽可能将它们结合起来。学生应将其化为己有，懂得如何在他们的实际生活的具体情况中随时随地运用。受教伊始，儿童就应体验发

---

① 原文为拉丁语 Corruptio optimi, pessima（the corruption of the best is the worst of all）。

现的快乐。他应该发现，普遍观点可使他理解浸淫他一生的那一事件之流，那就是他的生命。我所谓的理解，并不仅指逻辑的分析，虽然也含有那个意思。我所说的"理解"，其意思相当于法语谚语"理解一切，即宽恕一切"中的"理解"。学究们讥笑实用的教育。但如果教育无用，它算什么呢？难道它是一种藏而不用的才能？教育当然应该是有用的，无论你生活中的目的是什么。它对圣奥古斯丁有用，也对拿破仑有用。它之所以有用，是因为"理解"是有用的。

我姑且不谈初级的教育层面应该教授的那种理解。我也不想被视为是在谈某一古典的或现代的课程的相对优越之处。我只想说，我们所要的理解是一种对持续的当前的理解。过去的知识的唯一用处，就是将我们武装起来以面对当前。对年轻心灵的致命伤害莫过于对当前的贬低。当前包含了所有的一切。它是圣地；因为它就是过去，就是将来。同时，必须看到，一个时代——无论是存在于两百年前或存在于两千年前——同样都是过去。不要迂腐地拘泥于日期而受欺蒙。莎士比亚和莫里哀的时代是过去，索福克勒斯和维吉尔的时代同样也是过去。圣徒相通[①]乃是一场伟大而激励人的聚会，但他们只有一处可能的相聚之地，那就是当前。

[①] 指信徒通过洗礼与耶稣基督合成一体，全体信徒之间达成的一种友好组织形式。

至于具体某组圣徒需要多少时间到达相聚之地,那就没多大关系了。

说到教育的科学和逻辑方面,我们应记住:此处,不可用的观念肯定是有害的。所谓应用某个观念,我的意思是,将其与事件之流结合起来,那一事件之流是由感官知觉、情感、希望、欲望,以及使思想适应思想的精神活动构成的,它形成了我们的生命。我可以想象这样一群存在物,它们可能会通过被动地重温互不相关的观念来强化自己的灵魂。但人类生来就不是那样的——也许要除开某些报纸编辑。

在科学训练方面,对一个观念首先要做的事便是证明它。且允许我花点时间来解释一下"证明"的意思;我是说,证明它的价值。一个观念,除非体现它的诸命题是真实的,否则它便无甚价值。因此,证明一个观念,其根本在于——或通过试验或通过逻辑推理——证明那些命题是否为真。但其根本却并不在于,这一对真的证明应构成对这一观念的首次介绍。不管怎么说,令人尊敬的教师对它的权威断言,就是最初足够的证据。我们最初接触一套命题时,首先要认识到它们的重要性。那就是我们大家后来一辈子要做的事。严格说来,我们并不打算去证实或证伪任何东西,除非它很重要,值得人那样去做。狭隘意义上的证明,以及认识,这两个过程并不需要在时间上严格分离。两者几乎可以同步进行。但两个过程必然有一者为先,所以在应用中的那个认识过程应该是在先的。

再者,我们不应试图孤立地使用命题。我要强调,我的意思并不是说以一小组井然有序的试验来说明命题一,然后对其证明;又以一小组井然有序的试验来说明命题二,然后对其证明;如此这般,直到书末。没有比这更令人厌烦的了。彼此相关的真理是整体地被使用的,人们可以任意的秩序使用形形色色的命题,也可任意重复。选定你的理论课题的某些重要应用,研究它们并同时进行系统的理论阐释。理论的阐释须简洁,但应步步严谨。不宜冗长,以易于全面而准确地理解。过多的未全然消化的理论知识,其后果是可悲可叹的。理论也不宜与实践相混。何时是证明,何时是应用,学生对此应毫无疑义。我的观点是:被证明了的应被应用,被应用的——只要行得通——就应该被证明。我绝不是在说,证明和应用是同一回事。

话说到此,我可以一种表面离题的方式来很直接地推进我的论证。我们至此只是意识到,教育这门艺术和科学需要天才,以及属于它自己的研究方法;这种天才和这一科学,不只是关于科学或文学的某一分支的纯知识。上一代人部分地感知到了这个道理;大致说来,过去的校长倾向于鼓励同事们,不仅要读书学习,还应学习用左手打保龄球,并养成对足球的兴趣。但文化并不限于板球,并不限于足球,也远不等于扩大知识面。

教育就是让人学会运用知识的艺术。但这是一门很难传授的艺术。每当一本关于真正的教育的价值的书写成，你几乎可以肯定，某位书评家会说，很难依照此书去教学。当然，依照它去教学会很难。如果不难，该书就应付诸一炬了。因为若不难，它就不是一本关于教育的书了。在教育这个领域，正如在其他行当，芳草铺就的享乐之路不会通向妙境，而会通向绝境。通向绝境之路可能是一本书，或一系列讲座，它们让学生记住下次校外考试可能会问到的问题。我顺便说一下，除非每一次考试中向学生提的问题都直接由该生的该科任课教师设计或改定，否则任何教学方法都不可能确保学生考试获胜。那样一来，外部的评估者只可对课程或学生的表现做出报告，但决不应被允许向学生提出未经实际任课教师严格监督的问题，或并非与任课教师长时间商量后而产生的问题。这条规则下有一些例外，但它们毕竟是例外，容易在一般规则下被谅解。

我们且回到此前我的那一论点：理论思想应总是在学生的课程内找到重要的应用。这一说法实行起来不容易，而是很难。它包括如何使知识保鲜、如何防止它沦为僵死的问题。这正是一切教育的重大难题。

最好的方法取决于数个因素，其中每一个都不容忽视。它们是：教师的天才、学生们的智力类型、他们的生活前景、学校周边环境给他们提供的机会，以及与之相关的这类因素。正因为最好的方法取决于这些因素，所以整齐划一的校外考试是致命的。我们指责这样的考试，并非因为我们是怪人，喜欢指责既定之规。我们并非如此孩子气。况且，这样的考试当然也有它们的用处，可测试学生是否懒惰。我们不喜欢这样的考试，其理由是非常明确而实用的。因为它扼杀了文化的最佳部分。当你根据经验来分析教育的核心任务时，你会发现，教育的成就取决于对很多可变因素的精微调整。原因是：我们是在与人的心灵而不是与僵死的物质打交道。应唤起学生的好奇心、判断力、掌控错综复杂情况的能力、在特殊情况下使用理论知识进行预测的能力——而所有的这些能力，都不能靠一个考试科目表所体现的某个既定之规来传授。

我要对你们这些从事实际教学的老师们说：只要训练的方法得当，把一定量的死知识注入一群学生的脑子，这总是可能的。你选一本教材，让他们学就是。一切顺理成章。于是儿童学会了如何解二次方程。但是教一个儿童解二次方程的意义何在呢？传统的答案是：人的脑子好比是个工具，你首先得磨砺它，然后再使用它。获得解二次方程的能力，就是一个磨砺脑子的过程。这一答案颇有道理，故能流传下来。但尽管有几分道理，它却体现了一个根本的错误，该错误可能会窒息现代世界的天才。我不知道是谁第一个把人的大脑比成一个死的工具。或许是希腊七贤中的某位，或许是他们全体组成的一个委员会。无论始作俑者是谁,既然不断有名人赞成此说,它的权威性便不容怀疑。但无论其权威性有多大,无论其能得到多大的认可,我毫不犹豫地将其斥之为教育理论中被引入的最致命、最错误、最危险的概念。人的大脑绝不是被动的。它永恒地活动着,精微、包容、易感。唯磨砺它,方能延长其生命。无论你认为你所教的学科多么有趣,都须当场激发学生;无论你加强学生的何种能力,都须当场实施;无论你的教学应该传递给学生何种可能的精神生活,都须当场展示。这是教育的黄金法则,也是很难遵循的法则。

难点在于:任何形式的用语,无论被如何精确地调整过,都不能唤起对普遍观念的领悟,都不能铸就心灵的智力习惯,以及对精神成就的怡然兴趣。所有从事实际教学的教师都知道,教育是一个耐心掌握知识细节的过程,须一分一秒地逐日循序渐进。不存在通过巧妙的概括便可一蹴而就地轻松学到东西的捷径。有个谚语说到了因树障目而难以见林,这正是我要强调的困难。教育之难,就难在让学生见树而知林。

我所极力主张的解决方案是:根除扼杀我们现代课程生机的那一致命的学科分离。教育只有一个主题,那就是表现为种种形式的生活。而我们并未教给孩子们这一单一的统一主题,却教他们:孤立的代数、孤立的几何、孤立的科学、孤立的历史；几门从不能使用的语言；最后，最烦人的，是文学作品，以莎士比亚的戏剧为代表，再加上实质上需要人记忆的对情节和人物的哲理注释和简短分析。那样列出的一张单子能代表人们所体验到的生活吗？我们充其量可以说，神在欲创造一个世界但尚未拿定主意如何打造它时，这可算一个目录，供他快速一瞥。

我们且回过头再来谈二次方程的问题。我们手边仍有那个未回答的问题：为何要教会儿童解二次方程？除非二次方程与某一课程相关，否则当然就无任何理由教授任何关于它的东西。再则，尽管在一种完整的文化中数学的地位应该是广泛的，但我仍有点儿怀疑，对于很多类型的儿童来说，二次方程的代数解是不是在数学上太专业了。我在此提醒诸位，迄今为止我未说过任何关于心理学或专业课程内容的东西。那是理想教育的一个必要部分，但那都是在回避我们的真正问题。我如此说只是避免在回答时被人误解。

二次方程属于代数，而代数则是一个智力工具，它被发明来让世界在量方面更清楚。量的问题不可回避，整个世界量无处不在。话要说得有理，就必然涉及量。仅说国家大，这并无意义——究竟有多大？仅说镭稀少，也并无意义——究竟有多稀少？你不能回避量。你可能以为在诗歌和音乐中可避开此问题，但韵律和音阶仍使你面临数与量的问题。那些轻视数量理论的高雅之士，智力其实尚未完全成熟。与其说该指责他们，还不如说该可怜他们。在他们上学时，以代数的名义教给他们的那些胡言乱语，应被鄙视。

代数既在文字中又在事实上沦为难解之呓语，这一问题是个例子，它说明，如果你不明白自己到底欲激发儿童鲜活心灵中的哪些属性，改革教学的日程安排便是无用的。几年前有人竭力主张改革学校的代数教学，但他们却偏偏一致认为，图表可解决一切问题。于是他们排除了一切而引进了图表。据我所知，图表背后若全无思想，则图表就只是图表而已。现在每张考卷都有一两道有图表的题。我本人就是个竭力主张使用图表的人，但我却不知道迄今为止我们是否大有收获。除非你成功地展示了生命与一切智力认知或情感认知的某些基本特点的关系，否则便不能使普通教育的任何课程表具有生命力。此言难听，但实情确实如此，我也不知如何说得更委婉。在做这些形式上的小小改动的过程中，打败你的正是事物的本质。你是在和一个高明的对手较量，正如在隐豆戏法里，他会确保你所猜的那粒豌豆总是在另一只碗里。

改革应该从另一端开始。首先，你必须认定，在世界的量的方面，哪些是简单的，可引入到普通教育中去。然后应制定一个代数教学的课程表，它将在这些应用中找到例证。我们不必担心我们所宠爱的图表，一旦我们开始把代数当作一种研究世界的重要手段来看待，我们就会大量地使用它们。对社会的最简单研究中会出现数量,而一些最简单的应用便可见于那些数量中。用来表现历史的曲线,较之构成学校里大部分枯燥研究的那些人名和日期的枯燥的目录,更为生动、更能传达信息。由不起眼的国王、王后构成的一份名单——汤姆、迪克或哈利,他们都已过世——到底要达到什么目的?不分青红皂白地让历史人物复活都是失败的,最好将其搁置。现代社会各种力量在数量上的变化流动可用图表非常简单地展现出来。与此同时,变量、函数、变化率、方程及其解、消去等概念正作为一门独立的抽象科学被人研究。当然不是以我提到它们时所用的那些夸饰的辞藻,而是重复使用适于教学的那些简单的特别例子。

倘循此过程,则从乔叟到黑死病,从黑死病到现代劳工问题的这一条路线,便将把中世纪朝圣者的诸多故事与抽象的代数科学联系起来,两者都会表现出关于"生活"那一单一主题的形形色色的方面来。我知道此刻你们大多数人在想什么。你们想的是:我所勾勒的那一严格的过程,并非你们本想选择的那一具体过程,甚至并非你们熟知其如何运行的那一具体过程。对此,我完全同意。我的意思并不是说我可自己干那件事。但你们的反对意见恰好说明了,何以一个常见的校外考试制度对于教育是致命的。教人如何应用知识,其成功在根本上取决于学生的个性及教师的才能。当然,我在此略去了我们大多数人都更擅长的那些最简单的应用。我指的是科学与量有关的那些方面,诸如力学和物理学。

同样地,我们也可根据时间绘制出社会现象的统计图表。然后我们消去一对合适现象间的时间。我们便可推究,我们在何种程度上展示了一种真正的因果联系,或在何种程度上仅展示了一种时间上的巧合。我们发现,我们可能已根据时间为一个国家绘制出了一套统计图表,为另一个国家绘制出了另一套。因此,只要选对了主体,我们就可能获得显然只展现了巧合的图表,而另外的图表却展现了明显的因果联系。我们欲知道如何区别,于是便被吸引尽量继续前行。

但在考虑这一描述时,我希望你记得我在上文所一直坚持的。首先,我认为,一套想法未必适于不同儿童群体。比如,我会认为,学手艺的孩子喜欢更具体的东西,而且在某种意义上,喜欢比我这儿所说的更直接的东西。也许我是错的,但我就是那样猜想的。其次,我在考虑的,并非是一堂花哨的课,一劳永逸地激发学生,赢得赞赏。那不是进行教育的方式。不是。学生们一直埋头解题、作图、做实验,直到完全掌握了整个学科。我在这儿描述的是不时穿插的解释,是应该给予他们思想的指导。一定要让学生感到,他们是在研究某个东西,而不只是在表演智力小步舞。

最后,如果你指导学生准备某个统考,要指导得方其困难是很复杂的。你可曾注意到围绕诺曼拱门的锯齿形造型？古时的作品美，现代的作品却丑。其原因在于：现代作品一丝不苟地符合尺寸，而古代作品却根据工匠的癖好而有所变化。或此处紧凑，或彼处舒展。帮助学生通过考试，其实质是对考试内容的每一部分都给予同样的重视。但人却天生是自有所好的专门家。在某人看到全面内容的地方，另一人却只发现了几个孤立的例子。我知道，在一门专门为通识教育所设计的课程中允许专长，这似乎是矛盾的。但没有矛盾，这个世界就会更简单，也许更枯燥。但我相信，在教育这个行当中，排除专长即毁灭生机。

现在我们来谈常规数学教育的一个重要分支——几何。同样的原则在此也适用。它的理论部分应该是清晰、严谨、简洁、重要的。任何命题——只要不是为表现概念的主要联系而绝对必要的——都应当删去，而重要的根本性概念却不可须臾忘却。像相似性、比例这类概念，决不可忽略。我们必须记住，由于图形的视觉存在有助于人，所以，就锻炼一个人推理的演绎能力而言，几何学是个无与伦比的领域。当然，接下来还有几何制图，它训练人的手和眼。

然而，同代数一样，几何和几何制图也应超越单纯的几何概念。在一个工业区，机械和车间的实践形成了恰当的超越环境。比如，在伦敦理工学院，这已经取得了显著的成功。对很多中等学校，我建议，测量和绘图是自然的应用方法。具体说来，平板仪测量应使学生生动地理解如何直接应用几何原理。简单的绘图工具，测量链和测量罗盘，应提高学生的能力，从田野的调查测量提升到绘制小地区的地图。以最简单的工具获得最多的信息，这才是最佳教育。提供繁复的仪器，这种做法最不可取。绘制一个小地区的地图，考虑到该地区的道路、等高线、地质、气候、与其他地区的关系、对该区居民地位的影响，这会使学生学到更多的历史和地理知识，胜过任何关于珀金·沃贝克[1]或贝伦海峡的知识。我指的不是关于此题目的一次模糊的讲演，而是一次认真的调查，在调查中，实在的事实借助于准确的理论知识得到了确定。一个典型的数学问题应该是：测量某块田野，根据某个比例画出其平面图，测出其面积。在不证明的情况下，先让学生学到必要的几何命题，然后，在同一学期，在测量的同时学习命题的证明，这不失为一个好的程序。

幸运的是，专长教育所呈现的问题不如通识教育所呈现的那么严重。这有很多原因。其中一个原因是：两者都要遵守的程序，其原则是相同的，故无须重述。另一个原因是：专长训练发生在，或应该发生在，学生课程的更高级的阶段，故材料用起来更容易。但最重要的原因无疑是：专长

---

[1] 珀金·沃贝克（Perkin Warbeck，约1474—1499），欧洲历史上著名的政治骗子，曾在法国、奥地利等国的支持下入侵英国。为亨利七世所败，被关入伦敦塔，后被处以绞刑。

学习一般说来是学生极具兴趣的一种学习。他之所以学习它，是因为某种理由而想学习它。这才是最重要的原因。通识文化旨在培养心灵，使之活跃；专业课程则利用这一活跃性。但过分地强调二者间分明的区别也不成。正如我们业已看到的，在通识课程中，学生会表现出对专门问题的兴趣。同样地，在专长学习的过程中，该课程也会与课程以外的东西发生联系，使学生的思想超越该专门课程。

再则，也不存在某一课程只传授通识文化，而另一课程只传授专门知识。一方面，通识教育所致力的学科，不过就是人们进行专门研究时的那些专门学科。另一方面，鼓励人普遍精神活动的方法之一，就是培养人对专门知识的热情。学习是一件无缝之衣，恐怕不能拆分。教育所要传授的，是对思想之力、思想之美、思想之结构的一种亲切感，加上一套与这一亲切感的拥有者的生命有特别关系的知识。

对思想结构的鉴赏力，是有教养者教养的一个方面，它只能在一种专门研究的影响下生长起来。我指的是俯瞰全局、洞察思想间关系的那种高瞻远瞩的眼光。唯有专门研究才能使人识得什么是对普遍思想的准确表述，以及经表述后它们之间的关系，懂得它们如何有助于对生活的理解。经过如此训练的心灵，应是更抽象的，也应是更具体的。它接受的训练既是对抽象思想的理解，又是对具体事实的分析。

最后，教育应培养出最朴实的精神品质，即对风格的感受。它是一种审美感，基于内心涌起的赞美之情，因为预期目的简而不繁地一下子达到了。艺术、文学、科学、逻辑，以及实际执行中的风格，在根本上都有同样的审美性质，即既有淋漓尽致的获得，又有适可而止的节制。热爱一个学科本身，为爱而爱，那种感觉可不等同于想象中在后甲板上踱步的昏昏欲睡的舒适感。那是对表现在该学习中的那一风格的热爱。

这里我们又被带回了讨论的起点，即教育的实用性。风格，就其最好的意义而言，是受教育的心灵最终达到的成就；它也是最有用的。它渗透于整个存在。对风格有感觉的管理人员讨厌繁文缛节；对风格有感觉的工程师善于节约用材；对风格有感觉的工匠尤喜精益求精。风格是心灵的终极德行。

但在风格之上、知识之上，尚有某种东西，一个模糊的形状，犹如希腊诸神之上的命运之神。那东西就是力。风格是对力的装扮，是对力的约束。但无论如何，力要达到渴望的目标，这才是根本的。最重要的是要达到那一目标。不必费神操心你的风格，解决自己的困难吧，证明上帝对人的做法是合理的吧，管好自己的本分吧，或做任何摆在自己面前的事情吧。

那么，风格于何处有用呢？在此处：有了风格，目标达到了,既无副作用,也不会引起令人不快的激动;有了风格,你达到了你的目标,只是你的目标,没有任何其他的东西;有了风格,你的活动的效果就可计量,深谋远虑便成了神赐予人的最佳礼物;有了风格,你的力量便增加了,因为你不会因不相关的事而分心,你就更有可能达到你的目的。故风格是只属于专门家的特权。有谁听说过业余画家、业余诗人的风格?风格总是专门研究的产物,是专业对文化的独特贡献。

英国现阶段的教育,病在缺乏明确的目的,病在一套扼杀其生机的外部机制。在这个讲演中,我一直在考虑支配教育的那些目的。在这方面,英国在两种意见间迟疑不决。它拿不定主意到底该培养玩家还是专家。19世纪在世界上造成的深刻变化就是,知识的增长使人有了远见。玩家基本上是这样一种人,他理解力强,多才多艺,善于掌握一个既定的套路。但他缺乏出自专门知识的远见。本讲演的目的就是要提出,如何培养专家,同时又使之不失玩家的基本美德。我们的中等教育的机制却是:该放手处偏铁面无情,该严格处却放任自流。每个学校都不顾死活地训练学生去应付一套固定的考试。没有任何一个校长可自由发挥他那一套适应本校情况的通识教育或专门学习,那一套可是由学校的教师根据学校的环境氛围、学生的具体情况、学校所接受的捐资而构想出的。我认为,任何旨在考查个体学生的外部考试制度，最终在教育上都是枉抛心力。

首先应考查的是学校，而不是学生。每一个学校应根据其课程颁发结业证书。须对这些学校的标准进行抽样检查和修正。但教育改革的首要条件是：学校应是一个独立的单位，它根据自己的需要确定课程，而且课程由自己的员工修改完善。如果不能确保这一点，我们就会从一种形式主义跌入另一种形式主义，时而井底之蛙，时而夜郎自大。

在任何确保效率的国家教育制度中，学校都是一个真正的教育单位。说此话时，我也想到了，另一种可供选择的制度就是对单个学生进行的外部考查。然而，每一个斯库拉都要面临卡律布狄斯[①]——或者，通俗地说，路的两边都有沟壑呀。如果落入那样的一个监督部门之手，也会要了我们的命。该部门认为：它可将所有的学校严格地分为两三类，每一类都必须采用严格规定的课程。当我说学校是教育单位时，我是绝对认真的：它就是个不大不小的单位。它必须要求人们根据它的具体情况来看待它。根据某些目的对学校进行分类是必要的。但任何不能经学校教师修改的、绝对一成不变的课程，都是不允许的。同样的原则（可有适当的修改）完全适于大学和工学院。

[①] 斯库拉、卡律布狄斯是希腊神话中两个凶猛的妖怪，它们长生不死，势均力敌。此处喻两种教育制度都会遭逢困难。

当我们充分地考虑到教育一个国家的年轻人这一问题的重要性时，人们对待它时的那种愚蠢的惰性——它造成了破碎的生活、破灭的希望、国家的失败——就很难使我们压抑住内心升腾起的那种狂野的愤怒。在现代生活条件下，规则是绝对的，任何种族，如果不尊重训练有素的人才，必败无疑。你的一切英雄精神、一切社会魅力、一切智慧、一切陆上海上的胜利，并不都能扳回命运之神的指头。今天，我们尚且能维持自己。但明天，科学会又进一步。到那时，对未受教育者的判决便绝无上诉可言了。

我们可以同样满足于对教育理想的传统解释，打从我们文明的黎明期起它就一直流行：教育的实质在于它是宗教性的。

那么请问，什么是宗教教育？

宗教教育是一种灌输责任和崇敬的教育。责任源于我们对事件进程的潜在控制。凡本可用获得的知识解决问题之处，无知就会有罪恶感。而崇敬的基础就是这一感知：当前含有存在之过去和将来的总和；含有时间的总和，它就是永恒。

——英国数学协会主席致辞，1916 年

第二章 教育的节奏

　　所谓教育的节奏，我指的是凡有教学经验的人都熟知其实际应用的某种原则。因此，当我记起我的听众中有些人是英国领军的教育家时，我就不指望我能对他们说出什么新颖的东西了。然而，我确实认为，指导这一原则付诸应用的所有的那些因素，迄今却并未得到充分讨论。

　　我首先要用一种最直接的说法来说明我所谓的教育的节奏，这个说法明确地表明了这一讲演的要点。我所谓的原则不过就是——当学生的智力达到一定阶段，他们应在适当的时间以不同的方法学习不同的学科。你会与我有同感，这不过是人人皆知、从未遭到过质疑的老生常谈呀。我真的是急于强调我的讲演的基本思想的这一明显特点，理由之一是，我的这些听众显然自己也会发现它。但另一个理由，即我何以选择它作为讲演的主题，却是因为，我并不认为，人们在教育实践中应用这一明显的真理时，适当地注意了学生的心理。

教育在学生幼年期的任务

我首先质疑，人们常将学科按难易分类的某些原则是否适当。我这样说的意思是，这些原则只有被解释通了才能被人视为正确而接受。我们且首先考虑一下衡量学科难度的标准。应先学较易的学科，后学较难的学科，这一说法是不符合真实情况的。相反，有些最难的学科必须首先学，因为自然是如此决定的，因为它们在生活中是根本的东西。幼儿面临的第一个智力任务就是学会说话。要把意义与声音联系起来，这是一个多吓人的任务啊！这要求对意义进行分析，对声音进行分析。我们都知道，幼儿做到了，而且我们也可解释他那奇迹般的成就。但所有的奇迹都是如此，而且，即便对于聪明人，这些仍然是奇迹。直面这一例子，我所要求的不过是：我们不要再说什么把较难的学科放在后面去学的胡话了。

培育幼儿心灵的下一个学科是什么？学会书面语言，即把声音和形状联系起来。天哪！我们的教育家疯了吗？他们居然让连话也说不清楚的 6 岁小家伙去完成也许一位智者一生辛劳后仍感畏惧的任务。还有，数学中最难的任务就是学习代数的基础。尽管如此，这个阶段却必须先于相对简单的微分学。

我不想进一步阐述我的观点了。我只想重申：推迟困难学科的学习，并不能确保人走出教育实践的迷宫。

关于学科孰先孰后的问题，另一个可供选择的原则就是必然优先的原则。在这点上我们显然立足于更坚实的依据。你总得先会阅读才能读《哈姆雷特》；你必须先学整数后学分数。然而，甚至这一坚定的原则，一经审视也会土崩瓦解。此原则当然不错，然而，只有当你对一个要学的学科的概念设置了人工的限制，它才是不错的。此原则的危险在于：人们接受它时，它是一种意义，在该意义上它几乎是必然的真理；而当人们应用它时，它却是另一种意义，在该意义上它是错误的。你尚未学会阅读时不可能阅读荷马；但很多小孩，在旧时代甚至很多成人，在妈妈的或某个行游诗人的口述中已与奥德修斯在海上进行了浪漫的航行。有些学科必然先于其他学科——那些思想呆板而诉诸整齐划一的人们不加批判地应用这一原则，结果在教育领域造成了撒哈拉沙漠般的枯燥。

精神发展的诸阶段

我讲演的题目叫作"教育的节奏"，之所以选择这个题目，其理由是来自对现行教育观点的另一种批判。人们常将学生的进步想象为一种一致而稳定的前进，不因类型的变化或步伐的更迭而有所区别。比如，人们会设想一个男孩从 10 岁起学拉丁语，到 18 岁或 20 岁时一帆风顺地成长为一位古典型学者。我认为，这一教育观立足于一种错误的心理认识，即误解了学生精神发展的过程。这一错误认识严重地妨碍了我们有效地施行我们的教育方法。生命在本质上是周期性的。它包括日常的周期，即工作和玩耍，活动与睡眠的更替；季节的周期，它决定了我们的学期和假期；还包括以年划分的明显的周期。这些都是明显的周期，谁也不能忽视。也存在着精神成长的更微妙的周期，这些周期会反复再现，但每一阶段都有所不同，尽管从属的阶段在每一周期中都会再现。这就是我选择"节奏性的"（rhythmic）一语的理由，其本质的意思是，在重复的框架内传递不同。不关注精神成长的节奏和特点，是导致在教育上呆板行事而徒劳无功的主要原因。我认为黑格尔把发展分为三个阶段是对的，那三个阶段被他称为正题、反题、合题（Thesis, Antithesis, Synthesis）。不过，若把他的思想应用于教育理论，我并不认为他所提供的这些术语能引起悦人的联想。对于智力发展，我愿把它划分为浪漫阶段、精确阶段和综合阶段。

浪漫阶段

浪漫阶段是首次领悟的阶段。这一阶段所学的内容都具有新东西的生动性；它内部含有未经探索的关系，其蕴藏的可能性一半会在一瞥之下揭示出来，一半则会掩藏在大量的材料之中。在这个阶段，知识主要并非是系统性的。即便必须提到系统，也是临时拼凑出来的。在这个阶段，我们面临的是对事实的直接认知，只是时不时地让事实接受系统的剖析。浪漫的情感实质上是一种兴奋；人开初只认识到事实，继而首次意识到事实间那些未经探索过的关系的含义，于是便有了兴奋感。比如，鲁滨逊·克鲁索不过是个人，沙不过是沙，脚印不过是脚印，岛不过是岛，欧洲不过是人聚居的一个繁忙世界。但那一突然的感知——感知到与鲁滨逊·克鲁索、沙、脚印，以及远离欧洲的那个孤独小岛有关的那些半露半掩的可能性——激起了浪漫之情。恕我不得不举一个极端的例子来说明，以便让我的意思明白晓畅。不过，姑且把它当作一个寓言吧，它代表了进步周期的第一阶段。教育在本质上就是将业已在心灵中萌动的酵素组织成章；你不可能教育一个真空似的心灵。在我们的教育观中，易于把它限制在这一周期的第二个阶段，即精确的阶段。然而，只要如此地限制自己的任务，我们就会误解整个问题。我们应同样关心酵素、精确性的获得，以及随后的成果。

精确阶段

　　精确阶段也是一个增加知识的阶段。在这个阶段，与其说应传授学生广泛的知识，不如说更应传授他们精准的知识。这是一个语法阶段，语言的语法，以及科学的语法。在这个阶段，要强制学生逐渐接受一种分析事实的已知方法。新的事实会加入进来，但它们是可以分析的事实。

　　显然，如果没有前期的浪漫阶段，精确阶段便会显得贫瘠：除非在前期阶段已有一些事实，其广泛的意义业已被模糊地领悟到，否则前期的分析便是徒劳的。那只是对简单赤裸事实的一套毫无意义的陈述，那些陈述是生造出来的，故没有任何进一步的关联。我要重申：在这个阶段，我们并非仍然囿于浪漫阶段所产生的那些事实。浪漫阶段的那些事实已揭示出一些可能广有意义的思想，而在更精确的阶段，我们获得了其他事实，而且是以一种系统的方式获得的。它既是对浪漫阶段那一普遍主题的揭示，又是对它的分析。

综合阶段

　　最终的综合阶段就是黑格尔所说的合题。它是复归浪漫精神，但增加了优势，即思想廓清了，有了相关的技能。这一成果正是精确训练的目标。它是最终的成功。我之所以对略为明显的思想做如此枯燥的分析，也是不得已而为之。这样做是必要的，因为我随后的说法的前提是：我们已清楚地认识到这一三重循环的本质特征。

循环过程

教育就应不断重复这样的循环。每一节课都应以其小的规模形成一种涡旋循环，该循环会形成它自己的小型的过程。更长的周期应产生彰显的成绩，这些成绩又成为新的循环的起始基础。我们不应认为，教育有一个神秘的、遥不可及的目的。学生应该不断地享受阶段性成果，不断地再上新台阶——只要教师在满足学生周期性求知欲的过程中，能恰如其分地根据学生的成绩予以鼓励。

幼儿的第一个惊人进步就是，他开始识别事物，开始明白它们之间的联系。他智力的生长表现为这样一种外在形式——忙于协调自己的感知和身体活动。他的第一个精确阶段就是学会说话，把口语当作工具对他所思的对象进行分类，并用它来加强理解自身与他者的情感关系。在他的第一个综合阶段，他用语言来表达自身对事物的有条理的、更全面的认知。

对于智力进步的第一个周期——从有了感知到会了语言，从会了语言到思想有条理、感知更敏锐——需要进行更仔细的研究。这是唯一的一个我们可观察其纯自然状态的进步周期。后面的周期难免习染当前教育模式的那一套。智力进步的第一个周期有一个特征，那是后面的教育常常遗憾地缺失的。我的意思是，它取得了完全的成功。在那个周期结束之际，儿童**会**说话了，思想**有**条理了，感知**更**敏锐了。该周期达到了它的目标。这比应用于大多数学生的大多数教育制度，更有值得称道的地方。然而，事情为何竟然是如此呢？一个新生婴儿，就智力发展而言——考虑到他将面临的困难——看起来显然像是个最不容乐观的对象呀。我认为，正是自然（表现为周遭的环境）给他制定了一个恰好适应他大脑发展的任务。我并不认为，一个小孩学会说话，然后又能更好地思维，这有任何神秘之处。但这确实为反思提供了食粮。

在随后的教育中，我们并未寻求过任何这样的循环过程——它们能在有限的时间内如此自然地运行，并在它们自己有限的领域取得全面的成功。这种成功是幼儿自然周期的一个突出特征。然后，我们又让小孩在10岁时开始学某一门课程，比如拉丁语，期望通过一套正规的训练让他在20岁时获得成功。结果自然是失败的，无论就兴趣还是就所获而言。我所谓的失败，是与第一自然周期的辉煌成果相较的。我并不认为这是因为我们的任务在根本上就难以完成，因为我记得幼儿周期的任务才是最难的。这是因为，我们的任务是以一种非自然的方式设置的，无节奏可言，也无中期成功的鼓励，而且学生的精力也是分散的。

我至今尚未谈到过精力集中这一特点，那可是与幼儿的进步明显相关的。这期间，幼儿的全身心都沉浸到该周期的实践活动中，不存在任何别的东西来干扰他的智力发展。在这方面，这一自然周期与学生随后的发展史之间，存在着一个显著的区别。十分明显的是，生活是多姿多彩的，人的心灵和大脑自然地发展，以适应铸就他们命运的那个多彩世界。尽管如此，考虑到这一点，我们仍会明智地在随后的每一周期让学生在一定程度上集中精力。我们应特别避免在同一循环阶段诸学科之间的竞争。老式教育的缺点在于，它无节奏变化地让学生把精力集中到单一的学科上。我们的现代教育制度，虽坚持预备性的通识教育，却轻易地容忍将知识划分成分明不同的学科，所以同样也是由分散人注意力的零星知识构成的一个无规律的集合。我期望我们能将教学中形形色色的知识元素协调成相继的周期，每个周期都在根本上有助于学生的直接领悟。通过这样的做法，尽力将各种模式形成的和谐织入学生的心灵。我们肯定会在学生成长的适当季节收获每一个成果。

青春期的罗曼司

下面我们来谈本讲演前一部分所阐述的那些思想的某些具体应用。

幼儿期是第一个周期，随后便是青春期，它开启了我们所经历的最重要的浪漫阶段。正是在这个阶段，刻下了我们性格的线条。儿童如何进入这一青春期的浪漫阶段，他就会如何在随后的生活中被理想所塑造，被想象所着色。幼儿掌握了口语学会了阅读之后，很快便有了一定的概括能力。紧随其后，便是青春期。属于幼儿周期的综合阶段相比之下是短暂的，因为在那个时期，浪漫的材料是如此之少。无论将"认识"一语的意义引申到何种程度，对世界最初的认识都确实始于第一个周期的完成之后，并由此而出现了重大的浪漫阶段。各种观点、事实、关系、故事、历史、可能性，以及言语、声音、形状、色彩方面的艺术技巧，充塞于儿童的生活，触发他的感受，激发他的理解，并激起他从事类似活动的冲动。在这个黄金时代，居然还常有填鸭者的阴影的威胁，想到这点就令人难过。我想到儿童生命中一个大约四年的时期，在普通情况下大概是从 8 岁到 12 岁或 13 岁。这是第一个重要的时期，在这个时期，儿童学会了使用母语，有了观察和处理事情的更成熟的能力。婴儿不能处理事情，儿童能；婴儿不会观察，儿童能；婴儿不能通过回忆单词来保留想法，儿童能。所以，儿童进入了一个崭新的世界。

当然，精确阶段会延长，也就是说，它会反复出现在小循环中；那些小循环在重要的浪漫阶段形成了涡旋。完善书写、拼写、算术基础，以及对简单事实的列表排列（诸如英国历代国王），所有的这些就是精确阶段的要素。作为训练人如何集中精力，作为有用的知识，这些都是必要的。然而，这些在本质上都是零碎的知识，重要的浪漫阶段则是滚滚洪流，它把儿童导向精神生活。

蒙台梭利[①]体系之所以成功，是由于它承认浪漫在这个生长期中的主导作用。如果这算是一种解释，那么它也表明了那一方法在应用上的诸多局限。在某种程度上，它是每一个浪漫阶段必不可少的体系。这个体系实质上提倡浏览，鼓励学生有生动的新鲜感。但它缺乏重要的精确阶段所需的那种节制。

掌握语言

当儿童接近那一浪漫阶段的尾声，他便循成长周期的轨道前进，开始有了获取准确知识的能力。语言便成了他专攻

---

① 蒙台梭利（Montessori，1870—1952），意大利著名教育家，其幼儿教育法对西方世界产生了巨大影响。

的学科。这是他很熟悉的表达方式。他接触了描写其他人、其他文明的故事、历史，以及诗歌。因此，从11岁起，就应逐渐集中精力学习准确的语言知识。最后，从12岁到15岁这三年，应全面学习语言，应有精密的计划，循此能达到其本身就值得拥有的一种明确的结果。我想，在这个时间范围内，如果足够用功，我们可期盼，在这个时期结束时，孩子们应该掌握了英语，应该能流利地阅读简单的法语读物，应该结束了拉丁语学习的初级阶段；我的意思是，有了简单的拉丁语语法的准确知识，懂得了拉丁语句子的结构，可阅读难度不大的拉丁语作家的作品片段，也许是简写过的，辅之以最优秀的文学翻译，以便他们借助于翻译阅读原文时，可把所读之书当作一个完整的文学作品来掌握。我认为，对于这三门语言，普通儿童都能达到这样的程度，只要他没有分心去用功于大量的其他学科。其他更有天赋的儿童还可深入学习。拉丁语对于他们可能不难，所以在这个时期的末尾可开始学习希腊语，但前提是，他们爱好文学，而且打算在今后至少研究它几年。其他的学科在时间表上将占一个次要的位置，对待它们的态度也将有所不同。首先应该记住，在学习语言的过程中，教师应大量提供那些半文学性的学科（比如历史）的材料。在引导学生阅读英语、法语、拉丁语的过程中，不太可能不同时传授一些有关欧洲历史的知识。但我的意思并不是说，专门的历史教学应取消。然而，我确实要建议：该学科应以我所谓的浪漫的精神展现出来；学生不能为了应付任何大规模的系统考试而被迫精确地记忆历史的细节。

在学生成长的这一时期，对科学的学习应该处于它的浪漫阶段。学生应独立观察、独立试验，思想只有片段的精确性。科学的重要性，其实质在于（或则就理论的趣味而言，或则就技术的目的而言）它可以应用于具体的事情，而且每一次那样的应用都激发人去研究新的问题。因此，所有的科学训练既应始于研究也应终于研究，一旦问题在自然中出现便抓住不放。在这一时期，如何准确地指导学生，如何准确地限制试验，这都取决于经验。但我恳请大家注意：这个时期的确是科学学习的浪漫阶段。

集中精力于科学

在学生接近 15 岁时，语言学习的精确阶段和科学学习的浪漫阶段结束了，接踵而来的是语言学习的综合阶段和科学学习的精确阶段。这个阶段不长，却非常重要。我想到的是一年的光景，而且我认为，明智之举是改变前期课程的平衡关系。应该集中精力于科学，果断地减少语言的学习。基于前期浪漫阶段的学习，集中精力学习一年科学会使每个学生懂得那些支配着力学、物理学、化学、代数和几何的主要原理。应明白，学生不是开始学习这些学科，而是精确地总结它们主要的概念，借此把先前支离破碎的学习整合为一体。且以代数和几何这两门我略为熟悉的学科为例。前面的三年，要把最简单的代数公式和几何命题应用于测量中的问题，或应用于牵涉到计算的其他科学工作中的问题。就这样，由于执意追求确定的数值结果，算术能力逐渐提高了，且懂得了用字母表达的公式是什么意思，几何性质是什么意思，也被灌输了一些简单的操作方法。因此要不了多长时间，学生们就会习惯于科学概念。他们此刻已准备好了接受他们应该彻底认识的那一小部分代数和几何的真理。再者，有的孩子会在前期表现出数学天赋，可能比其他同学略为超前。此外，在最后一年，他们会稍稍更重视数学而放松其他一些学科。我这里只是把数学作为例子而已。

与此同时，语言学习的周期进入了它的综合阶段。在这个阶段，不再精研语法和文章结构，而只限于阅读文学作品，重点是关注作品的思想及其所处的历史背景；而历史学习则进入了它的精读阶段，即精研某一短暂的特定时期，该时期被选来阐明在一个重要的时代到底发生了什么事，同时也用来表明如何对历史上的人物和政策做简单的评价。

我现在已勾勒出了从婴儿期到大约16岁半这个阶段的教育过程，并在一定程度上留意到了生命有节奏的律动。以某种那样的方式，即让学生始终专注，始终有新鲜感，通识教育便是可行的。因此，精研便总是要弄清虽业已领悟却急需深入处理的问题。每一个学生都将会轮流专注于各种不同的学科，都会明白自己的长处之所在。最后——这是我最想达到的目标——理科学生既会获得宝贵的文学教育，又会在一个最易受影响的年龄段开始养成在科学领域里独立思考的习惯。

16岁后，新问题出现了。对于文科学生来说，科学的学习进入了综合阶段，他们只需听一些关于科学主要成果以及普遍观点的讲座。语言、文学、历史等学科学习的新周期开始了。但进一步的细节学习尚无必要。对于理科生来说，前一阶段的那种精研细读一直要维持到中学毕业，同时对于更广泛的普遍概念也有了越来越多的认识。

然而，在教育的这个阶段，问题过于个性化，或者至少可以说，问题已分解成太多的具体情况，因而不应泛泛地对待。然而我特别要建议，所有的理科学生在这个阶段都应继续提高法语水平，并开始学习德语（如果尚未掌握的话）。

大学教育

如果诸位不介意我啰唆，我现在想谈谈这些观点对于大学教育的意义。

从婴儿到成人这整个生长期构成了一个大周期。它的浪漫阶段跨越人生的第一个12年，它的精确阶段包括整个中学时期，进入成人期就是进入了综合阶段。对于那些其正规教育延长到中学之后的人来说，大学的课程或对等的课程，就是重要的综合时期。综合精神应主导大学。大学里讲的课应针对那些熟悉细节和程序的人；也就是说，所谓熟悉至少是这个意义上的：对于先前的训练熟悉到唾手可得的程度。在中学期间，学生俯首用功，心无旁骛；而在大学期间，学生却应起身四顾。正因为这个原因，如果大学第一年耗费在以旧的精神复习旧的内容，那将是致命的。在中学，学生艰难地从具体的事例出发，开始对普遍概念有所窥探。在大学，他应始于学习普遍概念，学习如何将其应用于具体的情况。一个计划周详的大学课程，研究的就是如何广泛地应用普遍概念。但我的意思并不是说，这个课程应该是抽象的，即脱离具体事实的，而是说，研究具体事实时，应看它在何种程度上说明了普遍概念。

智力培养

大学训练的这方面，就是要将理论的兴趣与实际的用途结合在一起。无论你灌输给学生什么细节，他在今后的生活中几乎不可能恰好碰上它，即便碰上，他也可能忘了你当初教他的内容。真正有用的训练会使学生懂得一些普遍的原则，这形成了学生全面的基础，因为它们可应用于形形色色的具体细节。在后来的实践活动中，学生们会忘掉当初你讲的那些细节，但他们凭无意识的常识就记得如何将原则应用于手边的具体情况。只有当你丢弃了你的教科书，烧掉了你的听课笔记，忘掉了你用来应付考试而背诵的那些细节，你的学习才会变得有用。就细节而言，正是你不断需要的东西，才会像日月那样作为彰显的事实铭刻于心。而你偶尔需要的东西，则可随时在参考书中查到。大学的功能就在于使你能摆脱细节而遵从原则。说到原则，我几乎没有想到任何语言文字的表达方式。渗透于你的原则，与其说是一种形式上的陈述，不如说是一种心理习惯。它成了你的心灵对适当的刺激进行反应的方式；这种刺激表现为说明原则的各种具体情况。谁也不是一开始就有了明确而自觉的认识。所谓心灵有修养，不过就是，当心灵受到激发时，它能以一种令人满意的方式发挥作用。而学习却常被说成似乎是这样的：我们读过的书都打开在我们面前，然后，一旦出现情况，我们就能选出合适的那一页对着世界大声读出来。

幸好真实的情况远不同于这一粗率之见。正由于此，提倡纯知识和提倡职业技能的两种主张之间的对立，就远不如一种错误的教育观会导致我们预想的那样激烈。我不妨用另一种说法来表达我的观点：大学的理想与其说是传授知识,不如说是培养能力。大学的任务是把孩子的知识转化为成人的能力。

成长的节奏性

我想以告诫的方式提出两点来解释我的意思,以结束这次讲演。本讲演的要点是人成长的节奏性。人的内在精神生活是由很多方面交织而成的一个网络。这些方面却并非均衡地同时成长。为了努力说明这一真相,我考虑到了这种儿童,他的能力在有利的条件下可正常展现,在不利的条件下却表现平平。也许我误释了通常的现象。很有可能,我之所以如此误释,是因为证据太复杂、太难以理解了。但是,切莫让这方面的失误影响我这里要强调的主要观点:智力的发展表现为由各种周期交织而成的节奏,整个过程被一个更大的周期所支配,它的性质与次一级的小涡旋的性质是相同的。此外,这一节奏呈现出某些可捉摸的、对大多数学生有效的普遍规律;我们的教学特点应与之适应,以便符合学生所达到的节奏阶段。课程的问题主要并不是学科接续的问题,因为所有的学科实质上都应根据学生智力的萌发而开始。真正重要的次序是教育过程应呈现出的那一根据特点排列的次序。

我对诸位的第二个告诫是,不要把一个周期的三个阶段夸张到判然分明的程度。我猜想,你们中很多人在听到我详述每一周期的三个阶段时,一定在心里说:做出如此正式的划分,真是个数学家呀!我向你们保证,不是数学上的逞能,而是文学上的无能,可能导致我犯下了我警告你们千万别犯的那种错误。当然,我的意思是,在区分重点、区分无处不在的那一特点的整个过程中,朦胧的浪漫阶段、精确阶段、综合阶段始终都是存在的。然而支配性的阶段却是交替的,正是这一交替,造成了不同的周期。

——1922年在伦敦培训学院协会的讲演

第三章　对自由和纪律的要求应有一定的节奏

理想的褪色实可悲也，因为它证明，人的努力业已失败。在古代的学校，哲学家欲传授智慧；在现代的学院，我们的目的则沦为卑微，只传授学科知识。古人以传授神圣智慧为目标，今人却旨在传授课本知识，这一沦落表明数个世代以来的教育是失败的。我说此话并不表明，我坚持认为在教育实践上古人胜过我们。你只须去读一读卢西安①，看他对当初那些哲学家的装腔作势如何极尽其挖苦讽刺之能事，就可明白，在这一点上，古人真还没什么可对我们炫耀的。我的观点不过是：在欧洲文明的黎明期，人们就怀抱着足以启发教育的充分理想；人们的理想逐渐沦落，最后化为对实践活动的俯身屈就。

---

① 卢西安（Lucian，约120—200），希腊讽刺作家，其作品主要是对话形式，讽刺作品是其中一个重要部分。

但当理想沦落到实践活动的层面时，其结果就是停滞。特别是，只要我们将智识教育视为不过是培养机械的智力，不过是让学生获得对有用真理的既定表述，就不可能有任何进步可言了；虽然盲目地修改教学大纲，徒然地逃避不可避免的时间上的捉襟见肘，也会使人忙得不亦乐乎。我们应该把这视为一个不能回避的事实：上帝如此造就了这个世界，乃至人所欲知总是大于人所能知。即便把每个人本该掌握的科目列举出来，也无济于事。科目太多，而且各科目都自有堂奥。也许，知识浩瀚无边，这反倒是件幸事。因为人对世界的奥秘表现出的可爱无知，使世界变得更加有趣了。我所急于想让诸位知道的是，虽然知识是智识教育的主要目的，但其中还存在另一成分，虽更模糊，却分量不小，且更为重要。古人把它称为"智慧"。无一定知识基础固然不可能有智慧，但人却容易有知识而无智慧。

所谓智慧，即驾驭知识的方式。它涉及如何处理知识，如何选择知识来判断相关问题，如何应用知识来为我们的直接经验增添价值。这一对知识的掌握（即智慧），便是可获得的最亲切的自由。古人清楚地看到（比我们清楚），以智慧驾驭知识是必要的。但在实践教育领域，在追求智慧的过程中，人们却令人遗憾地犯错。简单说来就是，从他们通常的实践活动可看出，他们认为让哲学家来洋洋洒洒地发一通议论，便可使学生获得智慧。于是，古代世界的那些学校里便出现了一批可疑的哲学家。通向智慧的唯一康庄大道，是面临知识而不失自由。而通向知识的唯一康庄大道则是，通过纪律来获取有序的事实。自由与纪律是教育中的两大要素，正因为如此，我今天讲演的题目才是"对自由和纪律的要求应有一定的节奏"。

人们对教育中所存在的自由与纪律的逻辑分析，往往使我们认为二者的对立是很尖锐的，其实却并非如此。学生的心灵是一个不断生长的机体。一方面，它并非一口箱子，可任人用陌生的观念肆意填装；另一方面，有序地获取知识可使发展中的智力获得天然的食物。因此，一种理想地构建的教育思想应达到这一目的：纪律应是自由意志自愿的选择，而自由，正由于有了纪律，应获得丰富的可能性。自由和纪律这两条原则并非对立，而应在儿童的生活中得到调整，化为人格发展中的一种天然的来回摆动。自由和纪律适应人格发展中的这一天然摆动，这在别的地方被我称为教育的节奏。我相信，以往大多数令人失望的失败，都是因为忽略了这一节奏的重要性。我的主要主张是：在教育的开始和末尾，其主调是自由，但在中间阶段，其主调则是纪律，自由退居其次；再者，并不存在一个独一无二的自由—纪律—自由的三重周期；然而心理的发展都是由那样的周期，以及那样的周期组成的周期构成的。那样的一个周期是一个单位细胞，或者说是建筑物中的一砖一瓦；而整个生长阶段则是由那样的细胞构成的一个有机结构。在分析任意一个那样的细胞时，我把第一个自由时期，称为"浪漫阶段"，中间的那个纪律时期称为"精确阶段"，最后的那个自由时期称为"综合阶段"。

现在且让我来更详细地解释自己的主张。心理的发展离不开兴趣；无兴趣则谈不上专注和领悟。兴趣或可靠鞭下的强迫养成，或可用有乐趣的活动呵养而成。但无兴趣，则绝无进步可言。激励有生命的机体进行合适的自我发展，其自然的方法就是乐趣。婴儿被吸引着适应环境是由于对母亲或保姆的爱；我们之所以吃，是因为我们喜欢美餐；我们之所以要征服自然之力，是因为一种永难满足的好奇心诱使我们去发现；我们喜欢锻炼；我们享受仇视危险敌人的那种违反基督教的激情。毫无疑问，用痛苦让一个机体行动起来，这并非高明手段，这只会使它丧失乐趣。快乐才是刺激生命冲动的正常健康手段。但我并非认为，我们可以安全地沉浸在眼前更大快乐的诱惑之中，而是说，我们应该设法让人沿着一条自然活动的途径（它本身就是令人愉快的）发展。相较之下，僵硬的纪律是次要的，应控制好，使之不影响长期的利益；不过，只要保留了必要的兴趣，目标的充分实现肯定也不会离得太远了。

我预先要说的第二点便是，无益的知识无价值，甚至有害。知识的价值在于它能被应用，在于我们对它的主动掌握——也就是说，在于智慧。人们习惯于说到脱离智慧的纯知识，似乎它会赋予掌握它的人一种特殊的尊严。对知识如此的尊崇，我不敢苟同。知识的价值完全取决于谁拥有知识，以及拥有者如何使用它。使人的品格更伟大的知识，是可用来改变直接经验的每一阶段的那种知识。正是在知识的活动方面，教育中过于严厉的纪律才如此有害。唯有充分的自由，才能使人养成怀抱着新鲜感的积极思考的习惯。不分青红皂白的纪律往往事与愿违，造就了呆板的头脑。如果你与中学、大学毕业生接触多的话，你很快便会注意到那些头脑呆板的人，他们所受的教育仅仅就是获得僵化的知识。还有，英国社会在学术方面的悲哀调子，就是献给失败教育的挽歌。进一步说，这一过于匆忙地传授纯知识的方法也是自败的。人的心灵排斥以这种方式传授的知识。年轻人内心渴求扩大眼界，渴求活动，把排列有序的知识干巴巴地强加于他们，只能使他们感到厌恶。纪律，当其出现时，应该是为了满足人追求智慧的那一自然渴求；而智慧，则会为单纯的经验增添价值。

但我们不妨进一步来考察人在智力方面的这些自然渴求的节奏。人处于新环境时，他的想法和行为尚无所归依，因而举止茫然。这是一个发现的过程，逐渐习惯陌生思想的过程，产生疑问、寻求答案的过程。在这个过程中，他会策划新的经验，会留意新的冒险行为会造成什么后果。

这一普遍过程既自然又引人入胜。我们肯定都见过8岁至13岁的孩子沉浸于兴趣之中。那时他全身心充满惊异之情，谁要去扰乱这惊异之情，谁就是该死的蠢货。毫无疑问，这个阶段的孩子需要帮助，甚至需要纪律。必须精心选择使他精神活跃的那个环境，所选的环境当然必须符合他那一生长阶段，必须适应他个人的需要。在某种意义上，它是从外部强加而来的；但在更深邃的意义上，它是对孩子内心生命呼唤的回应。在老师的意识里，孩子是被送到他的望远镜下来观察星辰，而在孩子的意识里，他却感到他得到了机会，可自由领略天际的辉煌。孩子在用功时——无论所干之事何其微不足道，即便是资质最差的孩子——只要老师不改变强加的老一套，孩子的天性便会拒绝吸收陌生的材料。永远也不要忘记，教育绝非是一个往箱子里装东西的过程。那样的比喻全然不合适。它当然是一个自具特色的过程。最贴切的比喻就是，它好比是一个有生命的机体吸收食物的过程。我们都知道，适当条件下的可口食物对于健康何其必要。当你把你的靴子放入箱子，它们会待在那里，直到你下次再把它们取出来。但如果你用错误的食物喂小孩，情况就全然不是那么回事了。

　　这一最初的朦胧浪漫阶段需要用另一种方式指导。无论如何，孩子都是漫长文明世代的继承者，让他在冰河时期人类智力的迷宫中徘徊是荒谬的。因此，以某种方式指出重要的事实、明快的思想、常用的名称，无疑会强化学生的天然动力。无论在教育的哪方面，离了纪律不行，离了自由也不行；但在朦胧的浪漫阶段，则应总是强调自由，让孩子自己见识，自己动手。我认为，当孩子的心灵尚处于朦胧的浪漫阶段，就将旨在追求精确的纪律强加予他，必然会妨碍他吸收新东西。无浪漫，则无领悟可言。我坚信，以往如此多的失败，其原因都是由于人们没有仔细研究浪漫阶段应有的地位。没有浪漫阶段的冒险，最好的结果是，你学到了惰性的知识却没有了主动精神，最糟的结果却是，你养成了轻蔑思想的习惯——却又并未学到知识。

然而，就在这一朦胧的浪漫阶段受到合适引导的过程中，另一种渴求却应运而生。缺乏经验的青涩时期渐渐消褪，学生大致认识到了事实和理论的基础，最重要的是，他的直接经验中有了大量的独立浏览，以及思想和行动的冒险活动。这时，人们便可理解精确认识所产生的启迪了。这一启迪符合常识的明显要求，人们可借以处理熟悉的材料。如此便到了向前推进的时候了，目的是要精确地懂得所学的学科，记住它的显著特征。这便是精确阶段。这一阶段是传统教育体系中唯一的学习阶段，无论是在中学，或在大学。你只须学习你的功课，有关教育的话题则无须多言。把一个很必要的发展时期如此不恰当地延长，这一做法的结果是，造就了一大批书呆子；当然也造就了一批学者，他们天然的兴趣虽经讫里什那神车（the car of Juggernaut）的碾压却有幸存活下来[1]。确实，当老师的会常常忍不住，想教一些那个阶段的学生尚不宜吸收的事实和精确的理论。只要他们能吸收，那样做当然有用。我们这些人——我指的是中学和大学的教师们——常会忘记，在一个成年人接受教育的整个过程中，我们这些老师只是从属的成分；在今后合适的时候，我们的学生会自学。人的成长是自有其严格规律的现象，不能操之过急。经验不足的教师很容易损害一个敏感的机体。然而，尽管告诫的话都说了，要前进，我们还得学会基本的细节和主要的准确概念，还得学会如何轻松地掌握技术。这一事实不容回避：前人的知识已积累在那儿，若想在现代世界发挥作用，就必须娴熟地掌握最实用的技能。要写诗，你就必须学习韵律；要建桥，你就必须懂得材料的强度。甚至希伯来的先知，在那些也许写作并非易事的岁月里，也学会了写作。所谓天才的无师自通的艺术——用《祈祷书》中的话来说——不过是痴情地发明出来的虚妄空想。

在精确阶段，浪漫退居背景，此时必要的是，让学生知道什么是正确和错误的方法，要让他们知道确切的真理。但浪漫并未死去；既分毫不差地完成指定的教学任务，又在

---

[1] 传说讫里什那神像是印度教三大神之一毗湿奴的化身，每年该神像都会巡行。传说遭载此神像的车碾死即可升天。

该过程中培养出浪漫遐想的精神，这正是教学的艺术。之所以必须培养它，一个理由是：因为浪漫精神无论如何都是我们要达到的那一目标——平衡的智慧——中的一个必要成分。但还有另一个理由：学生就是一个机体，他不会吸收教学的果实，除非教师用浪漫的方法把学生的领悟能力维持在活跃新鲜的状态。要点在于，在实践中去发现自由和纪律之间的那个准确的平衡点。这一平衡会使学生最快地学会他该学的东西。我不相信存在着任何抽象的公式，可提供适于一切学科、各类学生，或每一个体的信息。不过，我所坚持的那一关于有节奏地摆荡的公式确实是一个例外。根据该公式，在早期阶段，欲进步就应强调自由，在后来的中期阶段则应强调确切掌握指定的内容。坦率地说，如果浪漫阶段处理得当，第二阶段的纪律就会显得自然而不是那么刻意；孩子们会知道如何做功课、如何把事情干好，对细节的处理也可让人放心。此外，我还坚持认为，对于孩子来说，唯一重要的纪律是自律；只有广泛地使用自由，方能达到这一境界。尽管教育中需要考虑的微妙问题如此之多，但在生活中养成兴高采烈地去完成所接受的任务是必须的。只要所布置的任务与学生该发展阶段的天然渴求合拍，只要那些任务能充分发挥学生的能力，只要它们能达到一个明显合理的结果，只要在执行这些任务的过程中允许有合理的自由——以上的条件便能得到满足。

讲述一位有经验的老师如何让学生保持生机勃勃的浪漫精神,其困难在于,实际中很短时间内干的事,讲述起来却要花很长的时间。要说维吉尔一段文章之美,只说它音律之美足矣,用不着啰唆赘言。要强调数学论证之美,只说它如何综合了各种整体考虑以解开复杂事实之谜足矣,这最不费时。在这一阶段,教师责任重大。说老实话,除开个别的天才教师,我认为带领整整一个班沿着精确之路走很远又不使学生败兴是不可能的。这真是一个不幸的两难窘境:主动精神和训练两者均为必要,但训练却往往扼杀主动精神。

但承认这个事实,并不等于原谅人的鲁莽无知,任其不懂得如何设法去缓解这一窘境。这种情况倒不是理论上的必然,而是因为教师不可能在处理每一个学生的具体情况时,都那么老练圆熟。以往采用的方法往往扼杀了兴趣,我们现在讨论的正是如何才能尽量减少这一错误。不过我要提醒大家:教育非易事,不能指望单凭一种方法就能解决问题

然而,在这方面,却有一个被普遍忽略的实用想法。浪漫兴趣的领域宽广,不好定义,无法用任何明显的疆界来规定它,它往往取决于偶尔闪现的洞见。然而,精确知识的范围——正如任何普遍教育制度所需的那样——却可以并且也应该是被明确规定的。如果你过于扩大它,你就会扼杀兴趣,达不到目的;如果你过于缩小它,你的学生就会缺乏对知识的有效掌握。当然,在每类课程的每一学科中,所

要求的精确知识都应该是经过极其细心的考查后定下来的。就任何效果而言,现在的情况似乎并非如此。比如,一群注定要从事科学职业的男孩——这是我极感兴趣的一类学生——他们对经典的学习应如何?他们应掌握什么样的拉丁语词汇?还有,哪些是他们应该掌握的语法规则和句法结构?为何不一锤定音地把这些决定下来,然后让每一个练习都有助于学生记住它们,并理解它们在拉丁语、法语和英语中的派生词。至于出现在教材中的其他句法结构和词汇,就应该用最简单的方式讲清楚。在教育中,某种严格的明确性是必不可少的。我相信,成功教师的一桩秘密就是,他内心非常明确地知道,学生必须精确地了解什么。于是他便不会敷衍地去烦扰学生,让他们记忆一大堆不相干的次要材料。成功的秘诀在于节奏,而节奏的秘诀则在于专注。至于精确的知识,其关键在于节奏,节奏,还是节奏!迅速获得你的知识,然后使用它。只要你能使用它,你便能记住它。

现在来谈节奏周期的第三个阶段,即综合阶段。这是一个向浪漫阶段回归的阶段。此时学生已经有了一些明确的知识;能力建立起来了;对普遍的规则和规律,无论是它们本身,或是那些体现它们的事例,已了然于胸;现在,学生要运用他的新武器了。他已成了一个有效率的人,他要产生的也正是效率。他回到了浪漫阶段那种漫无边际的冒险状态，不过优势在于，他的心灵已是一个训练有素的军团，而不是一帮乌合之众。在这个意义上，教育应始于研究，终于研究。毕竟，整个教育不过是一桩准备工作，准备与生活中的种种直接经验做斗争，准备用相关的观念及合适的行动来规范每一个即刻。教育若不始于激发人的主动性，终于鼓励人的主动性，它就肯定是错误的。因为教育的整个目的，就是要产生活跃的智慧。

在大学工作期间，给我印象深刻的是，学生漫无目的地积累虽精确但却是惰性的和未经使用过的知识，这导致了他们思想的瘫痪。一个大学教授，他的主要目标应该是展现他的本色——一个无知却思考、积极应用他所掌握的那一小份知识的人！在某种意义上，知识随智慧增长而收缩：因为细节已被原则吞没。重要知识的细节在生活的每一兴趣爱好中会被特地选择出来，而主动应用被透彻理解了的原则，这一习惯才是智慧的最终成果。在精确阶段，学生逐渐成熟，掌握了精确的细节知识，因此而领悟了原则。在综合阶段，学生则不拘泥于细节而主动应用原则，细节已化为下意识的习惯。我们并不会着意在心里记住二加二等于四，虽然我们曾必须把它记在心头。我们已把基本的算术能力托付给了习惯。从接受训练的那种相对的被动性逐渐化为了自由应用的主动性，这才是本阶段的实质。当然，在这个阶段，精确的知识会增加，而且是较之前更主动地增加，因为心灵已体验到了确切知识的力量，愿意获取普遍的真理，以及说明真理的、丰富的具体事例。但知识的增加此时已渐渐化为一种无意识的行为，犹如在思想的某些主动冒险行动中出现的事件。

关于人的发展节奏周期中的三个阶段，就谈这么多。总的说来，整个教育时期都是由这一三重节奏所主宰的。到13岁或14岁，是浪漫阶段；从14岁到18岁是精确阶段；从18岁到22岁是综合阶段。但这些都只是一般的特点，是学生整体发展模式的特色，没有任何学生会在所有的学科中同时完成这些阶段。窃以为，语言学习在开始词汇和语法的学习时，已开始它的精确阶段，科学学习却应正处于它的浪漫阶段。语言学习的浪漫阶段始于婴儿时期，即学会说话，所以它更早地进入了精确阶段，而科学学习的精确阶段却要稍迟一些。有鉴于此，切莫过早地传授精确的科学知识，那会挫败学生的兴致和主动性。学生本可领悟这一领域更丰富的内容，这一机会却会因此被扼杀。所以，科学学习的浪漫阶段，应在语言学习的精确阶段开始之后再持续数年。

存在着小的涡旋，每一个涡旋本身都是一个三重的周期，每日、每周、每学期地发展着。对某一学科始而只有泛泛的模糊理解，继而掌握了相关的细节，最后再根据相关知识对该学科有了整体的理解。除非学生们一直被昂扬的兴趣、娴熟的技巧、获得成功的喜悦支持着，否则他们便永不会取得进步，而且肯定会丧失信心。总的说来，在过去的30年里，英国的中学送入大学的都是一群灰心丧气的年轻同胞。他们似乎被注射了疫苗，绝不会爆发智识上的热情。大学则充当了中学的助手，使那一失败更加显著。因此，年轻人兴高采烈的情绪转向了另外的话题，有教养的英国也就不喜接纳观念了。只有当我们能指出我们这个国家的某一成就时（但愿指出的不是战争）——在教室里获得的，而非在竞技场上获得的，我们才可能对我们的教育模式感到满意。

迄今为止，我一直在讨论智力教育，我的论证也只是立足于一个狭窄的基础。但无论如何，我们的学生是有生命的，不能被切成像拼图游戏那样的小块。在制造一个机械装置的过程中，建造的能量位于该装置的外部，它把分离的部件添加到分离的部件中。但一个活的机体是凭着自我发展的冲动而生长的，所以情况就全然不同。这一冲动可受到外部的刺激和指导，也可被杀死。但尽管有外部的刺激和指导，机体生长的创造性冲动却都是来自内部，因而具有强烈的个体特色。教育引导人去理解生活的艺术；所谓生活的艺术，我指的是：个体在面临其实际环境时，他的那些显露其潜力的形形色色的活动所达到的最圆满的成就。这一成就的圆满性中包括一种艺术的感觉，它使不可分割的人格中较低的可能性服从于较高的可能性。科学、艺术、宗教、道德都源于人内心的这种价值感。每一个体都体现了一种存在的冒险。生活的艺术就是对这一冒险的引导。文明的伟大宗教,其原始成分就反对把道德作为一套孤立的禁令来灌输。道德,就这个词的狭隘消极意义而言,就是宗教的死敌。保罗就谴责律法,《福音书》也强烈地反对法利赛人。[①] 每一次宗教情绪的爆发都表现了同样强烈的敌对情绪——这一敌意随宗教的衰落而减弱。教育的任何一部分都不如道德和宗教教育那样,获益于重视成长的节奏规律。无论阐述宗教真理的正确方法是什么,总之,坚持一种不成熟的精确阶段即宗教之死。宗教的勃勃生机表现为:宗教精神虽经宗教教育的折腾而最终存活下来了。

教育中的宗教问题说来话长,在我的这次讲演里难以讨论明白。我之所以提到这个问题,是谨防有人以偏狭的意义来理解这里所提倡的原则。我们这里分析的是,在生命的更高阶段,有节奏的进步的一般规律,这一规律体现了人最初如何觉醒,随后如何受制于纪律,最后如何在更高层次上获得成果。我此处坚持认为,进步的原因本质上是内在的:发现是我们自己去发现,纪律是自律,成果是我们自己主动精神的成果。教师的作用则是双重的:他应让自己的人格引起学生的共鸣,从而激发他们的热情;他应营造一

---

① 法利赛人在宗教上强调严守律法。

种环境，其中知识更多，目的更坚定明确。有教师在，便可避免无谓的消耗，而那样的消耗却是低级阶段存在的天然进化方式。原动力——无论是科学中的、道德中的、宗教中的——就是价值感，就是感觉到了重要性。它的表现形形色色，诸如惊异、好奇、敬畏或崇拜，以及一种骚动的欲望，即强烈地欲将自身融于某种超越自己的东西之中。这种价值感有一种强制力，它让生命承担了难以置信的劳动。脱离了它，生命便回落到了它处于低级类型时的那种被动状态中。这一强制力最犀利的表现就是美感，即对已实现的完美的那种审美感受。我的这一想法不禁使我要问：在我们的现代教育中，艺术的功能是否得到了足够的强调。

  我国公立学校的典型教育是为那些家境优渥、教养良好的儿童设计的。那些儿童游历过意大利、希腊和法国，而且他们自己的家就置于美景之中。但所有的这些条件都并非现代中小学国民教育所具备，甚至更普遍的公立学校中的大多数男女学生也不具备。忽略了艺术这一精神生活中如此重要的因素，你不可能不蒙受损失。我们的审美情感使我们生动地领悟到价值。如果你残害这些情感，你便削弱了整个精神领悟系统的力量。在教育中要求自由，必然也应关注整个人格的发展。你不能随意地拒绝人格的迫切要求。在当今这个讲究经济实惠的时代，我们听到过很多关于我们的教育徒劳无功的说法，以及是否可能减少这样的努力的质疑之声。

追求发展纯智力，这样的努力注定是要导致一大堆失败的。而这却正是我们在公立学校所干的事。我们所做的仅够激发人的求知欲，却不够满足人的求知欲。历史向我们表明，艺术的繁荣是民族文明之路的第一步。尽管如此，面临这一明显的事实时，我们实际上却把大众关在艺术的门外。如此的教育，虽唤起求知欲却随后挫败求知欲；它最终会导致失败、引起不满，对此我们会感到奇怪吗？整个事情的愚蠢之处在于，人们不明白，我们给国民提供的，只是简单通俗的艺术，不会过分地消耗资源。也许，你可通过某些重大的改革，消除某种要汗流浃背的重体力劳动，消除就业的不安全感。但你却无法大幅度地提高平均收入。在那方面，你应打消一切乌托邦的想法。然而，让我们的学校培养一批热爱音乐、欣赏戏剧、喜欢颜色和形状之美的人，却无须费多大的力。我们还能提供方法，以满足国民日常生活中的这些情感。你会发现，只要你想出最简单的方法，物质资源方面的压力就不值一提了。当你做到了那点，当国民普遍懂得艺术所能提供的东西时——它能使人快乐，也能使人恐惧，难道你不认为先知们在宣扬上帝之爱时，圣职人员在谈到铁面无情的职责时，政治家在呼唤爱国主义时，都会立于更坚实的大地上？

　　莎士比亚的剧本是写给那些在乡村美景中长大的英国人的，他们当时生活在一个盛大的时代，中世纪已融入文艺复兴时代，大洋彼岸是一个崭新的世界，它热情地呼唤着浪漫。而今天我们面对的，却是城市里成长于科学时代的芸芸众生。我毫不怀疑，除非我们用新的方法去面对新的时代，去支撑国民的精神生活，否则，一旦那些早已被人否定的欲望重新野蛮地爆发出来，英国迟早会步俄国的后尘。历史学家将会这样写下她的墓志铭：她之衰落是因为统治者们精神上的盲目，是因为他们那僵硬的唯物论，是因为他们那法利赛人式的轻大义而重小节的治国之道。

——最初发表于《希伯特杂志》1923 年 7 月号

第四章 技术教育及其与科学、文学的关系

本讲演的主题是技术教育。我想考查它的基本性质以及它与通识教育的关系。这样的一个考查或许会有助于我们懂得，国家技术培训体系需要什么条件才能成功地运行。这对于数学教师也是个热点问题，因为大多数的技术课程都包含数学。

不过，无论我们何等卑微地希望近期取得什么成果，若没有在脑子里构建一个我们欲达到的最高理想就投入这样的讨论，便是不实际的。

人往往羞于谈理想；因此，我们发现一位现代戏剧家借一位疯狂牧师的口，竟如此总结人类的理想状态："在我的梦想中，它是这样一个国家，其中国家即教会，教会即人民：三者合一，每一归三。它是如此的一个共和国，其中工作即游戏，游戏即生活：三者合一，每一归三。它是如此的一座寺庙，其中牧师即崇拜者，崇拜者即受拜者：三者合一，

每一归三。它是一种神格,其中一切生命都为人,一切人都为圣:三者合一,每一归三。总之,这是一个疯人的梦想。"[1]

在这一讲演中,我希望大家注意的部分就体现在这句话中:"它是如此的一个共和国,其中工作即游戏,游戏即生活。"这便是技术教育的理想。把它拿去与实际事实对照,我们就会觉得它听起来不可思议:且想想那些辛苦劳作的芸芸众生,疲惫不堪,心有怨气,心不在焉,还有那些雇主——我虽不是在做社会分析,但会说服你相信我的这一看法:社会当前的事实离这一理想何其远也!更有甚者,我们都会认为,一个雇主若在职场遵循"工作即游戏"的原则,他一周内就会破产。

在寓言和事实中,加在人类头上的诅咒都是,他只有苦干才能生存。但理性和道德直觉却已在这一诅咒中看到了进步的基础。早期本笃会的修士干起活来就是兴高采烈的,因为他们认为,这样做他们就成了基督的同事了。

剥去神学的外衣,剩下的实质性观点就是:劳动,应含有智力和道德的理想,并因此而化为快乐,战胜疲劳与痛苦。我们每个人都可根据自己的个人看法,以更具体的方式重新表述这一抽象观点。无论你如何表达它,只要在细节中不失主题就行。无论你如何描述它,它仍然是辛苦劳

---

[1] 参见萧伯纳《英国佬的另一个岛》。——原注

作的人类唯一真正的愿望。正是技术教师们以及控制他们活动范围的那些人，在决定如此塑造这个国家，以便使该观点每日以旧日修士的精神注入劳动中。

国家急需的是一大批熟练工人，即有创造才能的人，以及一大批关注新观点发展的雇主。

有一种方法——唯一的方法——可达到这些令人满意的结果，那就是培养以工作为乐的工人、科学工作者以及雇主。根据我们对人的平均天性的认识来实际地看待这事，一个疲惫而厌烦的工人，无论其手何等灵巧，有可能生产出很多一流的产品吗？他会尽可能地少出产品，草率从事，而且还可能是个躲避考查的高手；他适应新的方法会很慢；他会是大家不满意的对象，充满了不切实际的激进想法；对现实工作的实际环境全然无同情之理解。如果，在动乱的时代（我们就可能面临），你很希望引起更大的野蛮剧变，那你就不顾本笃会的理想而推行广泛的技术教育吧。社会将因此而得到报应。

再者，发明创造的天才需要怡人的精神活动来维持勃勃的生机。"需要乃发明之母"是一条愚蠢的谚语。"需要乃敷衍搪塞之母"才更符合实情。现代发明成长的基础是科学，而科学几乎全然源自令人愉悦的求知欲。

第三类人是雇主，他们应是怀抱着进取之心的人。人们会观察到，成功的雇主才是所需的重要之人。他们是在全世界有商业往来的人,是业已富有的人。毫无疑义,生意场上总是存在着成败兴衰。但如果成功的企业总体上都在萎缩,指望商业的繁荣就是妄想了。如果这些人认为,他们的事业不过是些冷冰冰的手段,旨在获取生活中的其他不相干的机会,他们就不会有动力去保持警觉了。他们本就事业顺利,当前的势头就足以确保他们维持下去。他们绝无可能庸人自扰,去尝试不可靠的新方法。他们的灵魂其实是在生活的另一方面。对金钱的渴望会产生吝啬之心而不是进取之心。人类应更寄望于那些以工作为乐的企业家,而不是那些胸无大志的生意人,他们一心只想建立个小店铺,维持可厌的生意而苟且偷生。

最后,只要雇主和雇员总体上都认为自己是在从事一项榨取公众金钱的、毫无灵魂可言的工作,就绝不会有工业和平的前景。眼界扩大了,对所从事的工作以及由此而产生的公共服务有了更广泛的认识,才可能怀抱体谅之心与人合作。

从这一讨论可得出以下结论:技能或技术的教育(它的目的是要尽量满足国家的实际需要),就其所遵循的原则以及提供的服务而言,无论是雇主或雇员,都应以一种自由主义的精神将其视为一种真正的智力启蒙。在那样的教育中,几何与诗歌同车床一样必不可少。

柏拉图那一神话形象可代表现代的通识教育,正如圣本笃的形象可代表技术教育。我们不必斤斤计较到底哪些实际的人的实际的思想才确实够格代表某一教育，他们这儿只被用作象征性人物，代表相对的观念。我们仅仅根据柏拉图现在所激起的那类文化来想象他而已。

通识教育本质上是一种思想教育和审美教育。它传授有关思想、虚构文学、艺术的杰作的知识。它所期待的是运用的能力。这是一种蕴含着闲暇的贵族教育。这一柏拉图的理想为欧洲文明做出了永不磨灭的贡献。它鼓励了艺术，培育了无功利目的的好奇精神（那正是科学的起源），面对物质的力量它维护了精神的尊严，那是一种要求思想自由的尊严。不同于本笃，柏拉图并未费心去与他的奴隶成为同事；但他肯定能跻身于人类解放者的行列。他的那类文化对自由的贵族阶级是一种奇特的激励，欧洲从那个阶级获得了它现在仍然拥有的有序的自由。数个世纪以来，从教皇尼古拉斯五世（Pope Nicholas V）到耶稣会派，从耶稣会士到现代英国公立学校的校长，这一教育理想得到圣职人员强有力的支持。

对于某些人来说，这是一种很好的教育。这符合他们的那类思想，以及他们的生活环境。但还有比这更高的要求。一切教育都要根据它是否接近这一唯一的类型而被判断为是充分的抑或是有缺陷的。

这一教育类型的实质就是：让学生具有大量关于最优秀

文学作品的零散知识。这类教育培养出来的理想人物，就是那种熟知最优作品的人。他掌握主要的语言，思考过各民族的兴衰史、人的情感的诗意表达，读过伟大的戏剧和小说。他也熟悉主要的哲学，认真读过那些以明快风格见长的哲学家。

显然，如果要实现这一计划，他是没有太多时间去顾及任何其他事情的，除非他能长寿。人们会想起卢西安对话中的一个估计：一个人需花150年的时间来考查当前的伦理体系是否可信，方可有理有据地去实践其中的一种。

那样的理想不是人的理想。所谓通识文化并非如此野心勃勃，竟要通晓从亚洲到欧洲、从欧洲到美洲的文明人类形形色色的文化成果。选其一小部分足矣。不过，正如我们被告知的，应当选其精华。我怀疑一个选本，它选了色诺芬（Xenophon）却未选孔子。不过，这两个人的著作，我都未读过原文。通识教育确实只应局限于让学生学习以某些重要语言写就的文学作品的片段。

然而人类精神并不仅仅表现在文学中，也表现在其他艺术中，也表现在科学中。再者，教育也必须超越对他人思想的被动接受，必须加强创新能力。不过遗憾的是，创新并不意味着仅仅一种创新——有思想上的创新、行动上的创新，以及想象性的艺术创新；这三个范畴还可再做细分。

获取知识的领域浩瀚无边，一个人的一生却很短暂，所获不过鸡零狗碎。如此看来，古典学者、科学家，以及校长，统统只能算是无知之人。

有一种奇怪的错觉：需要认识的东西更少，一种更完整的文化才成为可能。当然，这样一来唯一的好处是：更有可能仍然意识不到无知。无幸读到莎士比亚、牛顿、达尔文，这对于柏拉图不可能是一种好处。在近代，通识教育的成就并未变得更糟。变化在于，人们已看出了它的矫揉造作的地方。

我的观点是：任何一门课程都无权自称具有理想的完善性，更不消说那些被忽略的次要因素。柏拉图文化坚持无功利之心的智力鉴赏，那是一种心理错误。事件在不可避免的因果关系中变迁，在这个过程中，行为和我们的参与才是根本的。教育若力图让智力的或审美的生活脱离这些根本事实，便会把文明引向堕落。在本质上，文化的目的应该是行为，它的作用是让劳动摆脱无目的的辛劳。由于艺术的存在，我们才可能知道释放我们的感觉是一桩好事。它升华了感觉世界。

无功利的科学好奇心是一种激情，它要有序而理智地鸟瞰事件间的联系。但该好奇心的目的却是要将行为和思想结合起来。甚至在抽象科学中，这种对行为的必要干预，也常遭人忽视。没有任何一个搞科学的人仅仅是为了获得知识。他获得知识是为了平息他那追求发现的激情。他并非为了认知而发现,而是为了发现而认知。艺术和科学可赋予辛劳以快乐,这就是意图被成功地引导而产生的那种快乐。这也是科学家和艺术家所共同享有的那种快乐。

把技术教育和通识教育对立起来是一种谬误。无通识的技术教育,并非完整的技术教育,同样也并无非技术的通识教育。也就是说,没有任何教育不是既传授技术又传授智识的远见的。简言之,教育就是要把学生培养成既有所知又有所能的人。这种理论和实践的紧密结合有助于两者。智力不能在真空中尽情发挥;激发起了创造的冲动,就应迅速付诸实践,对于小孩更是如此。几何学和力学,随之以工场的实践,才会获得实在结果,否则数学就是一堆废话。

一个国家的教育体系中须有三种主要的方式,即文科课程、科学课程,以及技术课程。但这些课程中的每一个都应包括其他两个。我的意思是,每一教育形式都应让学生懂得一种技术、一门科学、形形色色的普遍思想,以及审美鉴赏。而且,他所受的这些训练中的每一方面都应受到其他方面的启发。由于时间有限,所以,即便对于最受器重的学生,也不可能充分展开每一课程。肯定总是要有突出的重点。当技术课程中要求有某种艺术或艺术技巧的训练时,这样的课程自然地便含有直接的审美训练。但它在文科教育和科学教育中也是极其重要的。

文科课程的教育方法就是研究语言,即研究我们如何以我们最为习惯的方式将我们的心态传达给他者。在技术方面应该掌握的就是语言表达的技巧，在科学方面则应研究语言的结构，分析语言与所传达的心态的关系。进一步则研究语言与情感的微妙关系，以及书面语和口语所引起的感觉器官的高度发展，如何导致了由成功地应用语言而引起的强烈美感。最后，世界的智慧都保留在了语言作品的杰作中。

这一课程的优点就是它的同质性。它的各部分协调一致，相得益彰。这样的一种课程，一旦广泛地建立起来，定会宣称自己是唯一完美的教育类型，我们对此很难感到惊奇。它的缺点却在于，不恰当地强调了语言的重要性。确实，对语言表达的重要性的强调，使人目不暇接，所以很难对它做出冷静的估计。最近几代人见证了文学以及文学表达形式的退却，即在精神生活中不再具有当初那种独特的重要地位。无论是要仆从于自然，或服务于自然，只有文科方面的才能是不够的。

科学教育主要是训练人观察自然现象，以及如何认识并推导与这些现象有关的规律。然而，此处，正如在通识教育中一样，由于时间短缺，我们受到局限。自然现象纷纭万状，每一类现象都相应于某一门科学，该门科学自有其独特的观察方法，自有其独特的思想运用于对规律的推导。在教育中，对科学进行普遍的研究是不可能的，所能干的只是对相关的两三门科学进行研究。于是就有人反对那类主要是科学的教育,指责它狭隘地囿于专业。显然,这样的指责常常言之有据。人们有必要考虑,在科学教育的范围内,且在有利于它的前提下,如何规避狭隘的专门化这一危险。

这样的讨论要求人们考虑技术教育的问题。技术教育主要是训练人如何将知识应用于物质产品的制造。那样的训练强调手工技能、手眼的协调,以及在掌控制造过程时如何进行判断。然而,要判断,就必须要有关于那些自然规律——生产正是对那些规律的应用——的知识。于是,在技术训练的过程中,有时就需要进行科学知识的教育。如果你尽量降低科学的一面,就无异于承认科学只属于科学家;如果你尽量扩大科学的一面,你就将在某种程度上把科学知识传授给了常人,而且,同样重要的是,传授给了企业的董事和经理。

技术教育不一定在精神方面只与科学相联系,它也可能是对艺术家或某种手艺的学徒的教育。在那种情况下,进行技术教育的同时,必须培养审美鉴赏能力。

柏拉图文化的一个有害方面就在于,它全然忽视了技术教育是理想的人的整个发展过程中的一个组成部分。之所以有这样的忽视,是因为两种灾难性的对立:精神与肉体的对立,思想与行为的对立。这里我顺便插一句(纯粹是为了避免批评):我很明白,希腊人是很看重身体之美和身体活动的。然而,他们拥有那一扭曲的价值观,是他们拥有奴隶而得到的报应。

我把这定为教育公理：一旦你忘记学生是有身体的人，你便会遭到意外失败。这正是后文艺复兴时期柏拉图式课程的错误。然而，天然的东西无论如何抵制，你都是躲不开的。所以在英国的教育中，天然的东西虽被排除出课堂，她却改头换面地以一种征服一切的运动精神重新粉墨登场了。

智力活动与身体的联系，虽然分散于每一身体感觉之中，却集中表现于眼睛、耳朵、嗓音及手。感觉和思维之间存在着协调，大脑活动和物质创造活动之间也存在着相互的影响。在这一反应活动中，手特别重要。到底是人的手创造了人的大脑，抑或是人的大脑创造了人的手，这是一个尚有争议的问题。显然，二者间的联系是紧密而交互的。这样的关系根深蒂固，不会因为部分家庭几百年不理会它而普遍萎缩。

废弃手工工艺的锻炼，是贵族头脑渐趋僵化的原因之一。这种僵化可通过运动来缓解，不过在运动中，同时进行的大脑活动降到最低，手上的技艺也缺乏精微性。职业阶层的人需要经常地写和说，这对思维能力是个小小的刺激。排开了其他活动而埋头读书的人，并不以脑子的精微性见长，他们往往是那种传统型的木讷的思考者。毫无疑问，导致这一结果的部分原因是他们学而不思；但另外的原因却是，他们很少从手或口的丰富活动中获得对大脑的刺激。

在评估技术教育的重要性时，我们一定不要囿于学习即书本学习的习见。第一手知识才是智力生活根本的基础。在很大程度上书本学习传达的是二手知识,那样的知识绝不可能上升到与直接实践同样重要的地位。我们的目的是要发现,我们生活中的直接事件就是说明我们普遍思想的事例。学问世界往往提供二手知识的碎片,该碎片所演绎的思想也来自另一二手的知识碎片。学问世界之所以平庸,其根本原因就在于它的二手性。它之所以沉闷,是因为它从未受到过事实的惊吓。弗朗西斯·培根的重要影响,其要点并不在于他碰巧表达了一种独特的归纳推理理论,而在于他作为领军人物反对二手知识。

科学教育独特的优点应该是,它让思想基于第一手的观察;技术教育的相应优点则是,它遵循我们深层的天然本能,将思想转化为手工的技能,又将手工活动转化为思想。

科学唤起的思想是逻辑思想。而逻辑有两类:发现的逻辑和被发现者的逻辑。

发现的逻辑就是对概率进行估量,抛弃被认为是不相干的细节,预言事件循之而发生的普遍法则,设计合适的实验来检验假设。这是归纳逻辑。

被发现者的逻辑则是对特殊事件——在某些情况下会遵循假定的自然规律而发生的事件——的演绎。于是,当规律被发现或被假定,它们的应用就全靠演绎逻辑了。没有演绎逻辑,科学会全然无用。从特殊上升到一般,不过是场无味的游戏，除非我们后来能逆转该过程，又从一般降回到特殊，升降自如，犹如雅各梯子上的天使。牛顿推演出万有引力定律后，他随即着手计算了地球表面对苹果以及对月球的吸引力。我们顺带可注意到，没有演绎逻辑，归纳逻辑是不可能的。所以，牛顿的计算是他对该重要规律进行归纳验证的过程中一个必不可少的步骤。

由此可见，数学不过是演绎推理艺术中更为复杂的部分，尤其是当它涉及数、量和空间时。

在教科学的过程中，也应教思维的艺术，即构建适于第一手经验的清晰概念的艺术；预测适用的普遍真理的艺术；检验各种推测的艺术；以及通过对具有一定特殊重要性的更具体的情况进行推理，从而对普遍真理进行利用的艺术。另外，科学表达的能力也是必要的，这样一来，从纷乱的思想中总结出的相关问题方能得到清晰的阐述，重点方能得到恰当的突出。

当我们把某一科学或某一小类科学如此充分地传授给了学生，且兼顾了普遍的思维艺术时，我们才算是经历了漫漫长途，达到了纠正科学狭隘专门化的目的。有一种科学教育，它必然会立足于科学的一两门特殊的分支；它的最糟糕的情况就是：在考试制度影响下的教师，常常仅将这些特殊科学的狭隘结果硬塞给学生。重要的是，须不断彰显方法的普遍性，并将其与具体应用的特殊性相对比。一个囿于自己所从事的科学的人，即仅把自己所从事的视为该科学特有的例行公事的人，甚至不可能懂得这个道理。他思想狭隘，没有能力迅速理解新奇思想的意义。他什么也不会发现，在实际应用中也是笨拙的。

在特殊中展现出普遍，这是极难做到的，对于年龄小的学生，尤其如此。教育的艺术从来就不简单。克服困难，特别是初等教育中的那些困难，是值得才能杰出者一试的任务。那是对人的灵魂的训练。

数学，只要教授得当，会成为最有力的工具，让人逐渐懂得关于思想的普遍性这一道理。数学的实质永远是抛开特殊的观念而关注更普遍的观念，抛开特殊的方法而关注普遍的方法。我们用方程的形式来表示一个特殊问题的条件，但该方程会适于上百个散见于不同科学的其他问题。普遍的推理总是强有力的推理，因为演绎的说服力是抽象形式的特性。

此处我们也得小心。如果我们仅把数学教育当作灌输普遍真理，我们就会毁了它。普遍观念是将各种特殊结果联系在一起的方法。无论如何，具体的特殊情况才是重要的。因此，在处理你的特殊结果中的数学时，你无论如何具体都不为过，而在处理你的方法时，你无论如何普遍都不为过。推理的核心就是，把特殊的东西普遍化，然后把普遍的东西特殊化。无普遍性，便无推理可言；无具体性，则无重要性可言。

具体性就是技术教育的力量。我想提醒诸位：缺乏最高普遍性的真理，并不一定是具体的事实。比如，$x+y=y+x$是一个比$2+2=4$更普遍的代数真理。但"二加二等于四"本身就是一个缺少任何具体性成分的命题。欲获得一个具体的命题，就必须对牵涉具体对象的某一真理有直接的认识。比如，"这两个苹果加上那两个苹果等于四个苹果"就是一个具体的命题，只要你对那些苹果有直接的感知或直接的记忆。

要达到把真理用作可用的而不是空洞的公式这一目的，除了进行技术教育别无它途。只是被动地观察是不够的。唯有在创造的过程中，才会对创造出的东西的性质产生生动的洞见。欲了解某样东西，就亲自动手，这才是合理的法则。你的能力会充满活力，你的思想由于立即化为了行动会变得生动。你的想法——由于你看清了它们的应用范围——会变得现实。

在初等教育中，这一理论被人长期实践着。儿童被教导去进行裁剪、拣选等手工活动而熟悉了形状和颜色。这虽然好，却不完全是我要说的意思。那是在思考之前进行的实际体验，经验先于思想，以便产生创见，是一种极好的训练。但技术教育应远不止于此：你思考时你的经验是创造性的经验，是实现你思想的经验，是教育你将行为与思想调节一致的经验，是引导你将思想与远见、远见与成果联系在一起的经验。技术教育提供理论，并提供敏锐的洞察力，让你洞见理论尚未达到之处。

技术教育不可被视为完美的柏拉图文化的一种残缺不全的替代品，也就是说，它是一种有缺陷的训练，只是由于生活条件所限而不幸地成为必须。任何人所获得的知识都是不完整的，所获得的能力方面的训练都是有限的。然而，有三条主要的大道，沿此我们有望达于智力和品格的最佳平衡。它们是文学文化之路、科学文化之路、技术文化之路。单一地遵循其中任意一条，都会造成智力活动和品格的严重损失。然而，只是将这三种课程机械地混合起来，也会产生糟糕的结果，知识会是支离破碎的、互不联系或不可利用的。我们业已注意到，传统文学文化的优点之一就是，它的所有部分都是协调一致的。教育的问题在于，无论是文学、科学或技术的教育，如何维持住自己的要点，同时不失与其他两者的协调，以将他者的某些东西融入自己的教育活动中。

欲明确技术教育的问题，请注意两个年龄：一是13岁，那时初级教育已结束；二是17岁，那时，仅就学校的课程而言，技术教育已结束。我注意到，对于初级学校培养的技工，更通常的是一个三年期的课程。另一方面，培养海军军官，或管理层，则会花更长的时间。我们要考虑制定一些原则来管理这样一种课程，它会把17岁的孩子培养成掌握了对社会有用的技能的人。

他们手工技能的培训应从13岁开始，在其余的功课中略占一点比例，但应逐年增加，最后达到相当高的比例。最重要的是，这一培训不应太专门化。适应某一具体工作的那些得体的举止和诀窍，应在商业的现场传授，而不应成为学校课程的基础部分。一个受过恰当训练的工人会很快学会这些。在所有的教育中，失败的主要原因都是思想陈腐。如果我们把技术教育看成一套方法，即如何打小就培养孩子并教会他们某种高度专门化的手工技艺，那么它就注定会失败。国家需要让劳动力流动起来，不仅是从一地流动到另一地，而且，在综合能力的合理范围内，从一个特殊的工种流动到另一特殊的工种。我知道，在此处说此话我必须小心，我的意思并不是，人们在从事某类专门工作期间应随时去从事另类工作。这是贸易组织的问题，不该教育家来关心。我在这里只是主张这些原则：培训的内容应比最终的专业要求更广泛；培养出来的那种能适应各类要求的能力，对于工人、雇主以及国家都是有利的。

在考虑课程对智力的培养这方面时，我们必须遵循各种学习应协调一致的原则。总的说来，与手工训练最直接相关的智力学习，会是科学的某些分支。事实上，涉及的分支不止一个。即便不是如此，也不可能把科学的学习局限到一个单一的思路里。然而,只要我们的分类不是过严,那么根据所涉及的主要科学来对技术学习进行粗略的划分就是可能的。于是我们可做以下六种划分:(1)几何技术,(2)机械技术,(3)物理技术,(4)化学技术,(5)生物技术,(6)商业和社会服务技术。

这一划分的意思是:在大多数的职业培训中,除了辅助性科学,某一特定科学的培训需要得到强调。例如,我们可以把木工、五金和许多艺术手工艺归于几何技术;类似地,农业可归于生物技术。如果烹饪包括饮食服务,也许它就介于生物、物理和化学科学之间。不过对此我不能确定。

与商业和社会服务有联系的科学,一部分是代数,其中包括算术和统计学;一部分是地理和历史。但这部分涉及的科学,种类繁多。无论如何,根据科学来严格分类技术研究,这取决于细节。要点在于:思考一下就可能会发现能解读大多数职业的科学课程。再者,这一问题得到人们很好的理解,并在全国很多技术学校以及初级技校已获解决。

从科学的角度转到从文学的角度来重新审视技术教育中的智力成分时,我们发现,很多研究是介于两者之间的,比如介于历史和地理之间。只要是真正的历史和真正的地理,在教育中便是非常重要的。描述普遍成果的书籍,和描述各类科学中系列思想的书籍也属同一范畴。那样的书籍部分地应该是关于历史的,部分地是对最终产生的主要思想进行的解释。它们在教育上的价值,取决于它们作为精神刺激物的性质。它们不应过甚其词地吹嘘科学的奇迹,而应具有广阔的视野。

不幸的是,人们在考虑教育中的文学成分时,往往只对语法进行研究。历史的原因是,在现代柏拉图式的课程形成的过程中,人们只能通过拉丁语和希腊语接触重要的文学作品。然而,文学和语法却并无必然联系。亚历山大里亚的语法学家们[①]出现之前,希腊文学的鼎盛时期已经过去了。在当今的各类人中,研究古典的学者离伯里克利时代的希腊人最远。

单纯的文学知识不甚重要。唯一重要的是,以什么方式学习它。相关的事实一点也不重要。文学之所以存在,只是为了表达和发展我们生命的那一充满想象力的世界,那一我们内心的王国。因此,技术教育中的文学方面,就在于努力让学生欣赏文学。他们懂得什么并不重要,重要的是欣赏文学的那一乐趣。英国的那些高等学府,高高乎在上,用考试来检查学生对莎士比亚的戏剧读得如何,这在一定程度上败了他们的兴。这些学府真该以扼杀灵魂罪遭到起诉。

---

① 亚历山大里亚是马其顿国王亚历山大在埃及建立的一座城市,该城市从希腊本土吸引了大批学者,逐渐形成了各种学派。亚历山大里亚的语文学派就是其中之一。该学派的语法学家提出了"类比"说,其代表人物为亚里斯塔克。

有两种精神快乐：创造的快乐，以及放松的快乐。两者未必是分开的。换一个工作会使人感到极大的幸福，这幸福是因为同时出现了两种形式的快乐。文学鉴赏其实是一种创造。文字及其音韵、联想，不过是刺激物。文字激起的想象是我们自己造就的。除了我们自己，任何人，任何天才也不能使我们的生命充满生机。然而，除了对于专门的文学研究者，文学也是一种放松手段。它使得任何职业在工作时间都要压抑的那方面运动起来。如同文学，艺术在生命中也有同样的作用。

要获得放松的快乐，无须求助于什么。那快乐不过就是停止做事。某些这样的纯粹放松是健康的必要条件。但放松的危险却是广为人知的，在大多数放松里，自然赋予的不是享受，而是睡眠所带来的那种忘却状态。创造性的享受却是成功努力的结果，有所借助才会获得。这样的享受是高速工作和原创成就所必需的。

让未经放松的工人来加速生产，那会是灾难性的经济政策。暂时的成功会让国家付出代价，在随后的漫长岁月里，国家将被迫养活一群才尽力竭、无法再被使用的工匠。同样灾难性的是，干一阵松一阵的那种情况。除非严加限制，否则那会是退化的潜伏期。正常的娱乐应该是活动的转换，它满足了本能的渴望。游戏提供那样的活动。游戏越是不同，便越能使人放松；不过，过度的游戏，则使人空虚。

正是在此处，文学和艺术应在一个组织健全的社会发挥重要的作用。它们对经济生产的作用仅次于吃饭和睡觉。我这里谈的不是如何培养一位艺术家，而是谈的作为健康生活的条件，艺术的作用是什么。它类似于物质世界中的阳光。

只要我们在头脑中打消了强行灌输知识的看法，我们在培养学生享受艺术时，就不会有特别的困难或花费。学校的孩子都可定期被送往邻近的戏院，免费看一些适合他们的戏剧。也可听听音乐会，看看电影。图画恐怕不能吸引所有的人；但若画的是风景，或他们读过的一些故事，就可能吸引人。也可鼓励学生自己做艺术方面的尝试。最重要的是要培养学生朗读的艺术。艾迪生[①]描写乡绅罗杰·德·柯沃雷的那些散文就是很好的范文，可供学生朗读。

艺术与文学，对于生命的主要能量并非只有间接的影响。它们直接赋予人想象。肉体感觉虽有精微的反应、情感的冲动，但世界浩瀚无垠，远非它能传达。必先有想象，方可言控制和引导。在赛跑中（它的决定性因素在于训练场而不在于赛场），胜利属于那些人，他们能掌控大量的受到过训练的神经能量，使之在有利于它们生长的条件下发挥作用。那样的重要有利条件之一，便是艺术。

[①] 约瑟夫·艾迪生（Joseph Addison, 1672—1719），英国著名散文家，曾与斯梯尔合办《旁观者》等杂志，风行一时。

如果有时间，我原本还想说些其他的事，比如，提倡在所有的教育中都加上一门外语。凭直接观察我就知道，这对于学手艺的儿童是可能的。但我已对诸位充分阐明了进行国民教育所应遵循的原则，就不必赘言了。

　　结束此次讲演时，我再提一下本笃会的思想。他们把知识、劳动以及道德能力联系在一起，为人类挽救了行将消亡的古代世界的文明。我们的危险在于，我们把实践事务想象成了由邪恶构成的王国，其中，只有在理想目的的催逼之下成功才是可能的。我认为，这种看法是一种谬误，实践经验直接就可否定它。在教育中，这一谬误表现为技术培训中的中庸思想。在黑暗时代，我们的祖先在重要的组织中体现崇高的理想，以此拯救了自己。我们倒犯不着屈尊模仿古人，我们的任务是：大胆运用我们的创造能力！

　　　　　　　　　　——英格兰数学协会主席致辞，1917年

第五章　经典在教育中的地位

在这个国家，经典的未来，不会主要取决于某位成熟的学者对它的喜好，也不会取决于学术训练对学术爱好产生的效果。以往数个世纪的经验表明，一种主要由经典文学和经典哲学的教育给人带来的愉悦，陶冶了人的性格。经典学习之所以有危险，并非因为当今研究经典的学者不如他们的前辈那样热爱经典。而是因为，在过去，经典在整个高等教育中占据着统治地位，罕有匹敌。因此，在校期间学生都沉浸于经典。在大学期间，经典的统治地位也只是受到狭义的数学学科的挑战。这一情况导致了很多后果：单是为了教学便需要大量熟悉经典的学者；在学术界的各个领域，都有一种推崇经典的风气，似乎学习经典的能力就是一个人能力的同义语；最后，即便在这方面最无前途的孩子，无论他是否对经典有先天的兴趣，都要不分青红皂白地培养该兴趣。所有这一切已成前尘往事，随风飘散，犹如儿歌中的蛋状人（Humpty Dumpty），立在墙上尚好，摔下来便无法修复。现在有了其他的学科，每一个都包含诸多能激起广泛兴趣的题目，这些学科彼此关系复杂，在其发展过程中，展现了天才们天马行空的想象和在哲理上探幽发微的最高贵的功绩。现在几乎每一个行业都讲究学问，都要求以这些学科中的一门或几门作为职业技能的基础。而人生短暂，大脑易于吸收知识的可塑期更为短暂。因此，即便所有的学生都适于学习经典，人们也不可能维持那样一种教育制度，要求学生在学习其他科目之前，都必须接受一套完整的经典训练。作为首相主持的"经典在教育中的地位研究委员会"的成员之一，我不幸听到过目睹了现代家长功利倾向的人的无力抱怨。我并不认为，现代任何阶层的家长比他们的前辈更有功利之心。若经典是通向晋升的道路，它自然就会成为热门学科。如今因缘际会，经典的地位发生了变化，它已处于危险之中。亚里士多德不是说过，丰厚的收入是知识生活令人满意的附属品？我很难想象，亚里士多德若生在当代，作为一位家长他会给我们公立学校的校长留下什么印象。以我对亚里士多德的肤浅认识，我认为会发生争论，而且亚里士多德会完胜。我一直想弄明白，困扰课程中经典的那一威胁究竟会达到什么程度。我得出的结论是，未来几年，这个国家应教授哪些经典，这会在中学里定下来。在一代人的时间里，重要的公立学校，无论喜欢与否，都会群起而仿效之。

将来主要的情况会是这样的：在18岁中学毕业的学生中，90%的人不会再读经典的原文。如果学生更早离校，其比例则会从90%变成99%。我曾听人说过，也读过很多文章，它们生动地讲述了经典对于舒适地坐在扶手椅上阅读柏拉图和维吉尔的学者何其重要。但这些离校的学生不会坐在扶手椅上，或在任何其他情况下再读经典了。我们必须为经典辩护，说明经典何以适用于那90%的学生。如果把经典从这部分学生的课程中取消，剩下的那10%能用原文阅读经典的学生不久也会消失。任何学校将不会有师资来教他们了。此问题很紧迫。

但如果因此而认为，学术界或那些关注教育与效率之关系的业界领袖们已对经典怀有敌意，那就大错而特错了。上次我参加的那场关于此题目的讨论（公开的或私下的），是在一所很好的现代大学的一个领军的委员会上进行的。该讨论简短而热烈。理学院的三位代表极力强调，经典是重要的，它的价值在于它是科学家的预备训练。我之所以提到这个事，是因为它在我的经验中是有代表性的。

我们须记住，智识教育受制于时间。如果玛士撒拉[①]不是一个受过良好教育的人，那就是他自己之过，或他的老

---

① 玛士撒拉（Methuselah），《旧约》中记载的人物，据说他活了969年。

师之过。但我们的任务却是要在五年内完成中学教育。为经典辩护的唯一依据是：在那段时间内（学生还要同时学习其他学科），它能提供必要的营养，以丰富学生的智力品质。在这方面，它比其他抱有同一目的的学科更有效率。

在学习经典的过程中，我们通过深入学习语言，在逻辑、哲学、历史以及优秀文学作品的审美赏析诸领域拓宽了心智。学习语言（拉丁语或希腊语）是促进实现这一目标的辅助手段。目标达到后，语言学习就可放置一边，除非因需要或个人喜好而要进一步学习它们。有这样一些人（其中有些是最优秀的），对于他们来说，语言分析并非是达到文化目标的途径。对于他们而言，一只蝴蝶或一个蒸汽机比一个拉丁语句子更有意义。特别是在这样的情况下：生动的领悟激发了原创的思想，使人灵机一动。对于那样的人，指定的句子几乎总是未说到点子上，并因其不相干的细节而使他们感到困惑。

但总的说来，语言分析是正常的途径。这对于学生是最通常的方法，也是老师运用得最为得心应手的方法。

在这点上，我必须反问自己。我的另一个自我问我：如果你要学生学习逻辑学，你为何不教他们那个学科？那不是顺理成章的途径吗？我愿用我们最近痛失的一位伟人的话来作答，他就是奥多中学的已故校长桑德森（Sanderson）。他说：学生通过接触学习。此话真说到教育实践的根本上了。教育应始于特殊事实，具体而明确，便于学生理解，然后应逐渐归于普遍观念。要避免的拙劣做法是，将那些与学生个体经验不相关的笼统大道理硬塞给学生。

现在我们且用这一原则来确定，什么是帮助儿童达到对思想进行哲理分析的最佳方法。用家常的语言来说就是：什么是让儿童在思考和表达时头脑清晰的最佳方法？逻辑书的那些一般说法与儿童所听说过的任何东西无关，它们属于大学教育（或接近大学教育）的成人教育阶段。你必须从分析熟悉的英语句子起步。但如果过了初级阶段之后仍沿用这一语法分析的方法，就会使人感到枯燥无味。再者，这一方法的不利之处还在于：这种分析不过是英语这门语言所能进行的分析。它不能阐明英语短语、单词、思维习惯的复杂意义。因此教师下一步就是要教会儿童一门外语。这一来收获就大了。你不必做那种令人厌烦的为练习而做的练习。此时，分析已成自动，而学生的注意力已转向如何用该语言表达他之所想，或理解某人对他所说，或某作者对他所写。每一种语言都体现了一种明确的心理类型，而两种语言则必然向学生昭显两种类型间的差异。常识告诉我们，应尽早让孩子学法语。如果你家庭富裕，你可请一位照看小孩的法国家庭教师。条件稍差的儿童可从 12 岁起在中学学法语。可能会用直接教学法，让儿童在整个学习过程中沉浸在法语里，教他们用法语思考，而无须用英语居间来解释法语词语的意义。用那样的方法，连资质一般的儿童也会学得很好，很快就能理解简单的法语句子。正如我前面说过的，这一来收获就大了。此外，他们在此后的生活中也因此有了一个有用的工具。他们对语言的感觉提高了，这一感觉就是，对语言这种结构分明的工具有了下意识的领悟。

此时学拉丁语，正有利于刺激智力的发展。拉丁语的诸元素展示了语言是一种特别明白具体的结构。只要你的头脑已发展到那一思想层次，你就会面临这一事实。你在英语和法语中可能没注意到这个。简单易晓的优美英语直接译成法语会显得蹩脚，反之，优美的法语直接译成英语也会显得蹩脚。直译而成的蹩脚法语和本该直接写出的优美法语，二者间的区别很微妙，那个智力阶段的学生常不易解，老师也不总是好解释。英法两门语言有共同的现代表达方式，而英语和拉丁语句子结构间的区别却很明显，但也未难到不能理解的程度。

据中学教师们证实，拉丁语是门颇受欢迎的科目。我自己中学生时代就很喜欢这门课。我认为，它之所以受欢迎，是因为学生在学习过程中感到自己受到了启蒙。你知道你是在弄清楚某些问题。拉丁语的句子结构与英语法语不同，单词是以不同的方式粘连成句的，内涵差异奇特。当然，在某种意义上，拉丁语比英语更原始，它的句子更像是不可分析的单位。

这引出了我的下一个观点。我列举过拉丁语给人带来的种种好处,其中我把哲学置于逻辑与历史之间。就拉丁语带来的好处而言,那正是它应该的位置。拉丁语所唤起的哲理的本能介于两者之间,并丰富了两者。在英语译成拉丁语或拉丁语译成英语的过程中含有对思想的分析,这就使人有了步入哲理逻辑的必要的入门经验。如果你以后的生活以思考为职业,你就应该感谢上苍,让你在五年的学生时代每周用拉丁语作一文,每日解读某一拉丁语作者。任何学科的入门阶段都是一个通过接触学习的过程。对于有些人,语言是刺激思想活动的最直接因素,他们大多数人理解开窍的过程都是从简单的英语语法到法语,从法语到拉丁语,其中也要接触基础的几何和代数知识。恐怕我无须提醒读者诸君,我所坚持的这一普遍原则依据的是柏拉图。

现在我们从思想的哲学进而来谈历史的哲学。我再次引用桑德森的名言:学生通过接触学习。一个儿童怎么能够通过接触学习历史呀?原始的文件、章程、法律,以及外交信函对他来说都是难上加难呀。一场足球赛可能就是马拉松战役的模糊写照。但这只是说,在任何时代,任何情况下,人类生活都有共同的性质。再者,即便我们把外交的、政治的材料硬塞给学生,他们对历史也只会有一个非常肤浅的印象。真正必要的是,我们对于主导了人类混乱历史的那些流变,即世界观、思想的流变,审美和种族冲动的流变,应该有一种本能的理解。罗马帝国就是瓶颈,至此,过去的时代已酝酿成熟,穿过它便进入了现代生活。就欧洲文明而言,理解历史的关键在于理解罗马的思想以及罗马帝国的成就。

罗马的语言,以文学形式体现了罗马的世界观,我们从中获得了最简单的材料,接触这些材料我们便能理解人类历史的潮起潮落。单是法语、英语这些语言与拉丁语的明显关系本身,就是一种历史哲学。请想想英语和法语的对比:英语全然脱离了不列颠文明的过去,具有地中海词源的单词短语逐渐回归,连同它们丰富的文明化了的意义;而法语,虽然带着受到野蛮冲击的明显痕迹,我们却从中看得到其连续的发展。我并非要求教师就这些问题做浮夸而抽象的讲座。事情本身就说明了问题。以英语为母语的人,只要略知一点儿法语和拉丁语的基础知识,就可想象出造就了欧洲的那段种族迁徙的历史。语言是塑造了它的那个种族心理的化身。每一个短语和单词都体现了耕耘了土地、照料了家庭、建造了城市的那些男男女女的某种习惯思想。因此,不同语言间的单词短语就无真正意义上的同义语。我一直在说的这一切不过是在润饰这一单一的主题,以及为了强调它的至关重要性我们所做的努力。英语、法语、拉丁语形成了一个三角形,一对顶点(英语和法语)代表了一对不同的表达法,表达了两类主要的现代心理。这一对顶点与第三个顶点的关系,则展现了源自过去地中海文明的另一衍生过程。这是语言文化的基本三角关系，它包含着新鲜的对比，包含着当前与过去。它跨越时空。这些正是我们证实这一主张的根据：在掌握法语和拉丁语的过程中，我们会发现通过接触学习逻辑哲学和历史哲学的最容易的方式。脱离了这样的直接经验，你对思想的分析以及你的行动史不过是奏响的铜管乐。我并非在主张，且一刻也不相信，这一教育路径对于大多数学生来说是最简单、最容易的。我敢肯定，对不少的人而言，侧重点应有所不同。但我确实相信，这是一条可让最大多数人获得最大成功的路径。它还有一个优点，那就是它经受住了经验的检验。我相信，应对现行的实践进行大量的修正，以适应当前的需要。但总的说来，如此地建立文化教育，就应对传统有最佳的理解，也应有一大批能在实践中实现它的、经验丰富的学者型教师。

读者可能注意到了，我至今还无片言只语提及罗马文学的辉煌。当然，教拉丁语就要同学生一起读拉丁文学。这一文学中有生机勃勃的作家，他们成功地在各种题目上展现了罗马精神（包括它对希腊思想的欣赏）。罗马文学的优点之一就是，比较而言，它没有突出的天才。它的作家中鲜有孤高冷漠者。他们书写他们的种族，但很少写种族差异之外的东西。除了卢克莱修[①]，你总可感到他们的写作的局

[①] 卢克莱修（Lucretius，约前99—约前55），罗马伊壁鸠鲁派哲学家，《物性论》的作者。

限。塔西佗①表达了罗马元老院顽固派的观点,对罗马行省的成就视而不见,只看到希腊的自由民正在取代罗马贵族。罗马帝国以及造就了它的那一精神吞没了罗马人中的天才。将来,待这个世界的那些重大事件失去了它们的重要性时,少有罗马文学能找到通往天国之路。天国的语言将会是汉语、希腊语、法语、德语、意大利语及英语。圣徒们将会以愉悦的心情来欣赏这些对永恒生命的绝妙表达。而对于希伯来文学中与一种消失了的邪恶做斗争的那种道德热情,对于误把古罗马广场当作永生上帝的歇脚凳的罗马作家们,他们则会感到厌倦。

我们教拉丁语,其目的并不是希望学生用原文读过的那些罗马作家可伴随他们一生。英国文学比罗马文学伟大得多:它更丰富、更深刻、更精微。如果你的口味是哲学的,你会因为西塞罗而放弃培根、霍布斯、洛克、贝克莱、休谟、穆勒吗?不会,除非你对现代作家的口味会把你引向马丁·塔波尔②。也许你渴望反思人类存在的无限多样性以及人的性格对环境的反应。你会因为泰伦提乌斯③、普劳图

---

① 塔西佗(Tacitus,约55—约120),罗马帝国时代著名的历史学家,其代表作为《编年史》。
② 马丁·塔波尔(Martin Tupper,1810—1889),英国诗人,作品发行数百万册,后来却销声匿迹。
③ 泰伦提乌斯(Terence,约前195—前159),古罗马著名喜剧作家。

斯①、特里马乔②的盛宴而放弃莎士比亚以及英国的那些小说家吗？我们还有谢立丹、狄更斯等幽默作家，可曾有人在读拉丁语作家的作品时像读他们的作品时那样大笑过？西塞罗是一位伟大的演说家，在罗马帝国的鼎盛时期崭露头角。英国也有充满激情的政治家，阐述政策时富于想象。我不想再列举诗歌和历史方面的人物来扰你清听。我不过是想证明我对以下这一主张的怀疑是正确的：拉丁文学特别完美地表达了人类生活中的普遍因素。依我之见，它不能因自傲而笑，也很难因自卑而哭。

你不可让拉丁文学脱离其背景。它不同于希腊、英国的那种表达了普遍人类情感的文学。拉丁文学只有一个主题：罗马——罗马，这个欧洲之母，以及大巴比伦，即《启示录》作者描写了其劫数的那个淫妇。③

> 因怕见她的痛苦，就远远地站着说："哀哉！哀哉！巴比伦大城，坚固的城啊！一时之间你的刑罚就来到了。"地上的客商也为她哭泣悲哀，因为没有人再买他们的货物了。

---

① 普劳图斯（Plautus，前254—前187），古罗马著名喜剧作家。
② 特里马乔（Trimalchio），古罗马作家佩特罗尼乌斯的小说《萨蒂利孔》中的人物，慷慨好客。
③ 参见《启示录》17:5。

这些货物就是金、银、宝石、珍珠、细麻布、紫色料、绸子、朱红色料、各样香木、各样象牙的器皿、各样极宝贵的木头、铜、铁、汉白玉的器皿；

　　肉桂、豆蔻、香料、香膏、乳香、酒、油、细面、麦子、牛、羊、车、马和奴仆、人口。①

　　这就是早期基督徒眼中的罗马文明。但后来，罗马把基督教传给了欧洲，使它成为那个古代世界中的一个突出部分。我们继承了东地中海文明的两面性。

　　拉丁文学的作用就是展现了罗马。只要你的想象能将英国和法国置于罗马的背景之下，你就算是奠定了坚实的文化基础。要理解罗马，须回溯到地中海文明，罗马就是该文明的最后阶段。这自然就会展现欧洲的地理，以及高山大川、海洋河流的作用。年轻人在接受教育的过程中以这样的方法学习罗马文化，其优点在于学到的东西是具体的，对行动有所激励，所看到的历史人物在性格和行为上都是超乎寻常的。他们的目标超乎寻常，他们的美德超乎寻常，他们的罪恶也超乎寻常。他们有用马车绳犯罪的节俭美德。脱离了对伟大的习惯性憧憬，就说不上道德教育了。如果我们不是超乎寻常的，那么我们做什么或问题是什么就无

---

① 《启示录》（国际基甸会版），18:10—13。

关紧要了。对伟大的感觉是一种直觉,而不是论证的结果。可以允许年轻人在宗教皈依的焦虑中享有这样一种感觉,即感到自己是虫子而不是人,只要他们维持着对伟大的信念,该信念就足以证明上帝的永恒愤怒是正当的。对伟大的感觉是道德的基础。我们现在正要迈入一个民主的时代,但仍须决定,是在一个高的层面上还是在一个低的层面上实现人的平等。现在比任何时代更需向年轻人展现罗马的形象:它本身就是一场伟大的戏剧,所涉及的问题比它本身更重要。我们现在业已专注于对文学性质的审美鉴赏这一题目。正是在此处,教授经典的传统方法才需大加改革,以适应新的情况。该传统方法一门心思要造就成熟的古典学者。古老的传统方法一意孤行,把最初的阶段都用来学习语言,然后放手让当时的文学氛围来确保学生对文学的欣赏。在19世纪后半叶,其他学科侵占了可用的时间。所以常常时间浪费了,而语言又未学成。我常有这样的想法,那些毕业于英国名牌中学的成群学生之所以令人痛惜地缺乏求知的热情,正是由于他们的这一失败感。学校的经典课程必须经过精心策划,以期取得一个明确的结果。在通往雄心勃勃的学术理想的道路上,失败的后果何其多也!

在处理每一件艺术品时,我们应在两方面举措得当:一是尺度,二是速度。如果你用显微镜去考查罗马的圣彼得教堂,那对于建筑家就不算公平;如果你以每天五行的速度阅读《奥德赛》，它一定会显得索然无味。我们现在面临的问题正在于此。我们现在面对的学生，他们永不可能把拉丁语学到可以迅速阅读的程度，而拉丁语开启的视野在历史的长河中却是广袤无垠的。仔细研究尺度和速度，以及我们的工作各部分间相互的作用，似乎是必要的。我至今尚未读到过根据学生的心理来处理这一问题的任何文章。莫非这是行内的秘密？

我常注意到，大学者们聚会时，如果有人谈及翻译的问题，他们在情感和情绪上的反应，完全就像是正派人面临下流的性问题那样。一个数学家无所谓学术体面可失，所以且让我来面对这个问题。

根据我的整个思路可做如此的结论：准确理解拉丁语词义，准确理解思想如何在语法结构中联系在一起，准确理解拉丁语句子的整体用法及其强调的重点，这就是我归于拉丁语学习的主要价值。因此，任何模糊不清的教学，任何模糊了拉丁语微妙之处的教学，都会破坏我展现在你们面前的整个理想。使用翻译让学生尽快脱离拉丁语，或让他们不必动脑筋去理解复杂的句子结构，这些做法都是错误的。准确性、确切性，以及独立的分析能力，是他们整个学习的主要收获。

但我们仍面临速度这个绕不过去的问题：整个课程只有短短四五年的时间。每一首诗都应在一定的时间内读出，对比、意象、情绪的转换，都须与人的精神节奏的变化保持一致。这些都有它们自己的周期，不容超越一定的限度。你读的可能是世界上最高雅的一首诗，但如果你读起来蹒跚如蜗牛，它会从艺术品降而成为垃圾。且设想一下儿童在专心阅读时的内心活动：他读到 as when（当）便停下来去查词典，然后读到 an eagle（一只鹰）又去查词典，随后又对句子结构感到困惑，等等。那能帮助他想象罗马吗？当然，常识确实要求你尽可能采用最好的文学翻译，即那种最好地保持了原著魅力与活力的翻译，你以恰当的速度朗读它，并伴之以有助于理解的评语。这样一来，人们便更要攻击拉丁语了，指责它把活生生的艺术作品束缚在神龛里。

但有人反对说，译文比原文差得多。确实如此，那也正是学生应掌握拉丁语原文的理由。掌握了拉丁语，才能以恰当的速度来阅读原文。我希望，最初对统一的整体有所认识，那是以正确的速度阅读译文所获得的；最后能欣赏整体的充分价值，那是以正确的速度阅读原文所获得的。华兹华斯曾谈到科学家"剖析即扼杀"[①]。然而相较之下，在过去，传统学者才是真正的扼杀者。对美的感受是热情而强

---

① 见于华兹华斯的《全局改观》(The Table Turned) 一诗。他的原意是推崇直觉的感受而反对理性的分析。

烈的,须以应有的崇敬之情来对待之。但我要更进一步地说,足以传达罗马形象的拉丁文学,其分量远远大于学生能用原文阅读的分量。他们应多读一点维吉尔、卢克莱修,多于他们能用拉丁文阅读的;多读一点历史、西塞罗,多于他们能用拉丁文阅读的。在学习某位作家时,拉丁语的选文应能更充分地展示他的整个思想,虽然不能从他的文章中获得他的母语所传达的那种感染力。不过,如果完全不能用原文阅读一位作家的作品,那害处就大了。

尺度的问题主要在于如何展现古代历史。摆在学生面前的一切必须是植根于具体和个别的东西。尽管如此,我们仍要阐释整个历史时期的普遍特点。我们必须让学生通过接触学习。我们可以用视觉手段来展现当时的生活方式。比如建筑物的照片、雕像的模型、花瓶或壁画上描绘宗教神话或家庭场景的图画。利用这些手段,我们便可把罗马与此前的东地中海文明以及随后的中世纪文明进行比较。重要的是要让孩子们明白人是如何改变他们的外貌、他们居住的房子、他们的技术、他们的艺术以及他们的宗教信仰的。我们应该仿照动物学家的做法,他们掌握了动物演化的全部过程。他们通过演示典型的例子来进行教学。我们也应该这样做,用同样的方法来展现罗马在历史上的地位。

人的生活立足于技术、科学、艺术和宗教。这四者交织在一起,从他的整个心理表现出来。然而科学与技术之间、艺术与宗教之间有特殊的密切关系。不考虑这四个潜在的因素，就无法理解任何社会组织。现代的一个蒸汽机可干古代社会成千奴隶的活儿。了解奴隶掠夺是了解大部分古代帝国主义的线索。现代印刷机是现代民主政体的基本附属品。现代心理的产生，关键在于科学的持续进步，以及相伴而来的观念的转变、技术的改进。在古代世界，有了灌溉技术，美索不达米亚和埃及才成为可能。然而罗马帝国之所以存在，是因为它使用了当时世界上最先进的技术：它的道路、桥梁、排水系统、隧道、下水道、宏大的建筑物、组织良好的商船、军事科学、冶金技术，以及农业。这就是罗马文明延续和统一的秘密。我常感奇怪，罗马的工程师何以未发明蒸汽机。他们本可能随时发明它，那样一来世界史会何等地不同啊。我认为原因是：他们生活在温暖的气候里，没有引入茶和咖啡。18世纪，成千上万的人坐在火边看着他们水壶里的水沸腾。我们都知道，亚历山大里亚的希罗[①]预想过一些小小的发明。罗马的工程师们本无需多费事，只需观察他们的水壶，便会对蒸汽的动力产生深刻印象。

　　看待历史，还必须将它与技术进步日益增长的势头适当地结合起来。在过去的一百年间，发达的科学已经与发达

[①] 希罗（Hiero, 10—70），古罗马数学家，曾发明过利用风能的设备，也发明过一种名叫"汽转轮"的蒸汽机。

的技术结合起来，开启了一个新的时代。

同样，在大约公元前一千年，文字书写的艺术终于普及了，于是第一个伟大的文学时代就开始了。在其发轫的朦胧期，这门艺术被僧侣们用来记载宗教事务，且被政府用来做正式的记录和编年史。如果有人认为，在过去，一项发明刚刚问世人们就已预计到它的充分用途，那就大错而特错了。甚至在当前，我们都受到训练，善于思索新观念的种种可能性了，也尚未达到如此的程度。然而，在过去，尽管人们的思路各异，新的观念毕竟也点点滴滴地逐渐进入了社会体系之中。因此，书写，作为鼓励人保存独到见识的手段，其意义也是慢慢地才被东地中海沿岸的人们所理解。当它的可能性在希腊人和希伯来人手中实现时，文明便转入了新阶段；不过希伯来心理的普遍影响却姗姗来迟了一千年，直到基督教的出现。然而正是此时，即希腊文明开始成形之际，他们的先知们已经在记录自己内心的想法了。

我想要说明的是：欲了解罗马的形象，就应了解它的背景和前景。这就需要研究大量的历史材料，而符合我们历史的传统规模的政治事件连续编年史却全然消失了。甚至解释性的文字，有些也退居背景。我们应使用模型、图片、示意图、图表来展现技术成长的典型例子，以及该成长对当前生活方式的影响。同样，艺术，在它与实用以及与宗教奇妙地结合在一起的过程中，既表现了实际的内在想象生活，又正好用它的这一表现改变了内在想象生活。孩子们能在模型和图片中，有时在博物馆的实物中，看到以往时代的艺术。讨论历史，绝不能从笼统的说法开始，而应始于表现了从时期到时期、从生活方式到生活方式、从种族到种族缓慢变化更迭的具体例子。

当我们着手研究东地中海的文学上的文明时，这一看重具体的方法同样适用。你想到这一点，就说明你的关于经典重要的主张是立足于这一根本认识的：没有任何东西可以替代第一手知识。既然希腊和罗马是欧洲文明的奠基者，那么，历史知识首先就是关于希腊人和罗马人思想的第一手知识。因此，为了让学生了解原本背景下的罗马，我极力主张学生首先读一些希腊文学的代表性选段。当然是读译文。但文章应该是某位希腊人实际上之所说，而不应是某位英国人写的谈希腊人的文章，无论他写得有多好。关于希腊的书籍宜于在直接了解了希腊之后再读。

我所说的那类读物是：史诗《奥德赛》的诗体译本，希罗多德[①]的一些作品，吉尔伯特·默里（Gilbert Murray）翻译的戏剧中的某些合唱，普鲁塔克[②]写的名人传记，特别

---

① 希罗多德（Herodotus，前484—约前425），希腊历史学家。
② 普鲁塔克（Plutarch，约46—约120），希腊著名传记作家，著有《希腊罗马名人传》《道德论集》。

是马塞拉斯生平中关于阿基米德的部分，以及希思（Heath）那些极富学术味的翻译中，欧几里得《几何原本》中的定义、公理和一两条命题。在阅读这些作品时，需要对作者的精神环境做足够的解释。罗马之所以对于欧洲有非凡的地位，是缘于这一事实：它给我们留下了一份双重遗产。它接受了希伯来的宗教思想，并把它与希腊文明融合起来，然后传给了欧洲。罗马本身就象征着组织性和统一性对各种骚动因素的影响。罗马法体现了罗马伟大的秘密，它的伟大在于，在帝国的铁幕之下，它遵循斯多葛学派的学说，仍然尊重人性的私密权利。欧洲总是分分合合。它的分是因为它的遗产中含有易爆炸的成分，它的合则是因为它永不能摆脱它从罗马继承来的那一追求统一的影响。欧洲的历史就是罗马遏制希伯来人和希腊人的历史，这些人有宗教的、科学的、艺术的冲动，也有追求物质享受和统治的欲望，这些都相互冲突，势不两立。而罗马所祈望的，却是统一的文明。

——最初发表于《希伯特杂志》，1923 年

第六章　数学课程

目前的教育形势只有倒回去数个世纪才能找到与之平行的先例，那就是中世纪学术传统的解体。当时，同现在一样，传统的知识观尽管因为它的那些引人注目的成就而合理地获得了权威的地位，但它却变得日渐狭隘，不符合人的兴趣。人的兴趣的这种转变要求教育的基础做相应的改变，以便让学生去适应将来在生活中会充盈于他们头脑的那些观念。人类社会的知识观的任何重大的根本改变，都必然导致教育革命。这一革命可能会推迟一代人之久，或则是既得利益者的原因，或则是因为某些思想的领军人物，在可塑的年轻时代受到一套思想的习染，至今迷恋不已而不愿舍弃。但这条规律却是铁面无情的：教育欲生动有效，其宏旨必须是给学生灌输某些观念，培养他们某些能力，使之能理解他们那个时代的流行思想。

绝不可能存在任何处于真空的成功教育体系，即与现行知识氛围没有直接联系的教育体系。非现代的教育，与所有保存过久的有机物，有着同样的命运。

然而，"现代"一词虽令人喜悦，却并未真正解决我们的问题。我们的意思是，教育应与现代思想相关，或则是在所传授的观念方面，或则是在所培养的能力方面。在这个意义上，昨天才发现的某物未必是现代的。它可能属于某个在以往的时代时兴而现在业已过时的思想体系，或则，更可能的是，它太深奥晦涩而少为人知。当我们要求教育应与现代思想相关时，我们所指的现代思想，是在有教养的社会里广泛流行的思想。深奥的学科不适于通识教育，这正是我今天下午发言的主旨。

对于数学家，这事实上是个微妙的问题。外行易于指责我们这一学科太深奥。我们不妨坦然承认，总的来说，数学确实是表现深奥性的一个非常典型的例子。使用"深奥"一词，我指的不是它的"难"，而是它所包含的观念适用于高度专门的东西，很少对思想有所影响。

这一偏于深奥的倾向性，是数学典型的害处，它易于妨碍人们在通识教育中使用它。只要教育中还在坚持使用这一学科，我们就只好默认，受过教育的人群的普遍数学修养低得可怜。无论他人怎么说，我都坚持认为，应扩大数学在教育中的范围。要实现这一目的，不能只是盲目地要求增加数学的教学内容。我们应直面阻碍人们广泛使用数学的那一真正困难。

该学科深奥吗？总的看来，我认为确实如此。人类对此的总体判断是肯定的。

对于学数学的学生来说，他们头脑和书本中的数学确实是深奥的。它从普遍观念推导出无数的特殊结果，每一个结果都比前一个更深奥。我今天下午的任务并非是为数学辩护，说它是一门值得深入学习的科目。它自己本身就能说明这点。我想强调的是：使这一科学成为学生之所喜的原因，恰好是阻碍它作为教育工具来使用的原因——从一般定理的交互作用引导出来的无穷的推理、它们的复杂性、它们与推理的原点明显的距离、推理方法的多样性，以及它们那纯抽象的特性（它带来了永恒真理这一礼物）。

当然。所有的这些特征对于学生都有无穷的价值，数个世代以来一直吸引着某些最敏锐的智识之士。我只是想说：除了对于精选出来的班级，它们在教育中注定是要失败的。各式各样的细节会把学生弄得茫然无措，因为它们既与重大的观念无关，也与普通的思想无关。为教育计，扩展这类训练，以获得更多的细节，这一措施最不可取。

由此我们得出的结论是：数学若要用于通识教育，须经严格的挑选和改写。我的意思并不是（当然这是显然的），无论我们花多少时间在这门课上，普通学生都不会学得很好；而是：无论进步何其有限，该门课的某些特征（在任何阶段都是自然的）必须被严格地排除。让小孩子学的这门学科，不能显得深奥。在表面上，它应看起来似乎是在直接而简单地谈论一些自有其深远意义的普遍观念。

就数学教学的改革而言，当前这一代数学教师应当之无愧地为此成就而自豪。这一代人在改革中显现了巨大的热情，在如此短的时间内做出的成就远超出人们的预期。人们并不总是能意识到，改变一门在公共考试中已根深蒂固的常规课程是何其困难。

但尽管如此，数学教学还是取得了很大的进步，即便退一万步说，至少也打破了旧时僵化的传统。今天下午，我想阐明可引导我们努力去进行重建的那一指导思想。我已将我们的目标总结为一句话：教这门课时，一定不要让它显得深奥晦涩。

应计划好我们的教学课程，以便把一系列显然重要的观念给学生讲清楚。应坚决杜绝任何离题的花言巧语。我们所追求的是：学生熟悉抽象的思想，懂得如何将其应用于特殊的具体情况，懂得如何把普遍的方法应用于抽象思想的逻辑研究。若以这为教育理想，那么最糟糕的就莫过于在教材中毫无目的地堆积一些定理，它们存在的目的只是为了让学生学习它们，以方便考官出题考查他们。学生要学的书本上的内容，应该都是能说明观念的重要的东西。所举的例子——教师认为应举多少例子就举多少例子——应直接说明定理，或则是抽象的特殊例子，或则是在具体现象中的应用。这里值得一提的是：如果考题事实上要求学生对深奥的细节有广泛的认识，那就大可不必降低书本学习的难度。有一种错误的观点认为，问题检验人的能力和天才，书本学习却检验人死记硬背的功夫。我的经验却不是这样。只有那些为了考取奖学金而死记硬背的学生，才善于做卷子。书本学习，只要安排妥当，并辅之以直接的例子，而不是被糟糕地弄成鸡零狗碎的东西，便能更好地测试能力。不过这说的是考试对教学的负面影响，离题了。

　　作为数学基础的主要思想一点也不深奥。它们是抽象的。然而，之所以通识教育要包括数学，其主要目的之一就是要训练学生如何处理抽象概念。这一科学构建了第一组抽象概念，它们以精确形式自然地出现在人头脑中。从教育的目的来看，数学包括数的关系、量的关系和空间的关系。这并非数学的普遍定义。依我之见，数学是比这一定义普遍得多的一门科学。不过，我们现在讨论的是数学在教育中的作用。涉及数、量、空间的这三组关系是相互联系的。

　　于是，在教育中，我们便由特殊走向了普遍。因此，就应通过在简单例子中的实践，教会儿童应用这些概念。我的观点是：目标不应是毫无目的地学习一堆特别的数学原理，而是要最终认识到，以前几年的学习向我们演绎了数、量、空间的这些关系，它们具有根本的重要性。这样的训练应

第六章　数学课程　　105

是一切哲学思想的基础。事实上，被正确理解的初等数学，正好能给予普通智力的人所能接受的那种哲学训练。但我们须竭力避免的是，毫无意义地堆积细节。你可举出无数的例子，让孩子们整学期或整年地研究它们。但这些例子应是对主要概念的直接说明。这样，也只有这样，才可避免那致命的深奥性。

我现在所谈的，并非专指那些要成为职业数学家的人，或那些因职业原因而需要深入学习某些数学细节知识的人。我们现在考虑的，是对于一切学生（也包括这两类）的通识教育。数学的这种普遍应用，应该是对一些普遍真理的简单学习，这些真理通过实例得到了很好的说明。这类学习应得到独立的筹划，在理念上与我上面所说的专业性学习全然分开，但也是为后者所做的极好的准备。这一学习的最后阶段，应该是对以往学习所阐明的普遍真理的认识。就我的理解，目前在这个最后阶段就是要证明圆的某些与三角形有联系的性质。那样的性质，在数学家看来是非常有趣的。然而，它们难道不是颇为深奥吗？而且，那样的一些定理与通识教育的理想又有什么确切的关系呢？学习经典的学生学了一大堆语法，其最终目的就是要阅读维吉尔和贺拉斯——最伟大人物的最伟大思想。当我们申辩道，我们应该在教育中充分展现我们自己的科学，我们还能同时心安理得地这样说吗：数学训练的目的就是让学生懂得九点圆的性质？我坦率地问诸位，这难道不是一种"丢脸"？

这一代数学教师含辛茹苦，为改革数学教学做了那么多繁重的工作，所以我们应该坚信，该工作一定能丰富该课程，能在学生的头脑里留下某种东西，远胜过"模棱两可的情况"。

我们且来考虑一下，结束基础课程时，如何指导更聪明的学生进行最终的复习。毫无疑义，部分的工作应该是对以往的工作进行普遍的俯瞰，不必过分计较细节，以便强调使用过的普遍概念，以及进一步研究时它们可能所具有的重要性。再者，解析的概念和几何的概念在物理实验室得到了直接的应用，在物理实验中，一门简单的实验力学课程本应修完。在这里，观点是双重的，物理的概念和数学的概念相互说明。

要精确地表达力学定律，数学概念是必不可少的。有了数学概念，学生就会逐渐明白：关于某一精确的自然规律的概念；那样的规律事实上在何种程度上能在我们的经验中得到证实；以及抽象思维在总结这些规律的过程中所起的作用。这整个话题当然需要用充分具体的说明来详加讨论，并不能只给出一些纯粹抽象的说法。

然而，过分强调通过最终的复习来直接解释前期的工作，这会是一个严重的错误。我的观点是，这个课程的最后部分应该精选，以便让事实上潜在于所有前期数学学习中的普遍概念得到昭显。径直进入一个新的题目就可达到这一目的。比如，关于量和数的概念就是一切精确思维的基础。在前期诸阶段，它们不会被明显地分开；可让孩子们学点代数（此举是相当正确的），不必太难，也不必太多。但在课程结束时，他们中更聪明的人由于仔细思考了普遍意义上的量的根本属性而会有巨大的收获；那些属性会引导他们去接触数字化测量。这个题目还有一个好处，那就是，必要的书唾手可得。欧几里得的第五本书被那些有资格判断的人视为希腊数学的巨大成就之一。该书研究的正是这点。此书一直受到冷遇，传统数学教育的不可救药的非通识特性，其表现莫过于此。该书研究的是概念，因而受到排斥。当然，需要挑选该书更重要的命题，并对其论证做仔细的修改。不必通读全书，只须读体现了其根本理念的那些命题即可。这门课不适合差生，但肯定可使优等生感兴趣。这里有很多供讨论的有趣话题，诸如量的性质，以及在处理量时我们应该用来确定的测试方法。这项工作切不可架空高论，每一阶段都应该用不同情况中的实际例子来说明，在那些情况中，量的特性或缺失、或模糊、或可疑、或明显。温度、热量、电量、快乐与痛苦、质量与距离等都可被考虑到。

又一个需要阐释的概念是函数性。分析中的函数对应于物理宇宙中的某一规律，以及几何中的某一曲线。儿童在首次学习代数时，即在绘制图表时，就学习了函数与曲线的关系。近年来，在图表方面有了重大的改革。但在现阶段，它或则改革过分，或则没有改革到位。仅仅绘制一个图表是不够的。图表背后的概念——犹如武器背后的人——才是使之发挥作用的根本因素。现在有一种倾向，那就是，仅仅让学生画曲线，然后就什么也不管了。

在学习简单代数函数和三角函数的过程中，我们开始学习如何精确地表达物理定律。曲线是表达这些定律的又一种方式。简单的基本定律，诸如平方反比定律和直接距离公式，应得到检验，也应考虑用简单的函数来表达物理定律的重要的具体情况。我不禁想到，对这一题目的最终检验可能会采取这样的形式，即研究应用于简单曲线的某些微积分主要思想。变化率的概念没有什么特别困难的地方；对 x 的几个幂次（如 x^2, x^3 等）的微分很容易实现；也许，借助于几何，甚至可以求 $\sin x$ 和 $\cos x$ 的微分。我们那致命的习惯，就是把儿童不懂且将永不使用的定理硬灌给他们。一旦我们摈弃了这一习惯，他们就会有很多时间专注于真正重要的题目。我们可以让他们熟悉真正影响思想的那些概念。

在离开物理定律和数学函数这个话题之前，还有其他需要注意的问题。精确的定律，其充分的精确性从不能被观察所证实，这一事实极易得到说明，也极易找到极好的例子。另外，统计规律，即仅满足大量数据的平均值的规律，也很容易学习和解释。事实上，稍稍学习一下统计方法及其在社会现象中的应用，就可找到说明如何应用代数概念的最简单例子。

让学生的观念普遍化的又一个方法是，让他们学习数学史。不是被视为日期和人物姓名集合的数学史，而是展现了总的思潮的数学史；那样的思潮使得数学诸科目一经阐述便引起学生的兴趣。我现在仅仅指出这点让大家注意：也许数学正是能获得我所期待的那些结果的最佳课程。

我们已阐明了两个题目，即关于量的普遍概念和关于自然规律的普遍概念。这些概念应成为通识教育中数学课程的研究对象。但数学还有不容忽视的另一面：它是训练逻辑方法的主要工具。

那么，什么是逻辑方法，又如何训练人的逻辑方法呢？

逻辑方法不只是要懂得合理的推理类型，也不只是在遵循它们时必须学会集中注意力。即便仅止于此，它也仍然是很重要的。因为在过去的世代里，人的心灵并非是为了推理而演化的，其演化仅仅是为了让人类在一日三餐之间有更多的办法去寻求新的食物供应。因此，很少有人能不经大量的训练便可跟上缜密的推理。

要造就缜密推理的人，或者甚至要启蒙大众，让他们知道推理艺术的实质是什么，光是这点是不够的。推理的艺术包括：正确地把握住主题，抓住能说明整体的一些普遍概念，并收集所有相关事实来支持它们。除非通过不断的实践而意识到，抓住重要的概念并死死地执著于它们是重要的，否则就不可能成为一个缜密推理的人。就这类训练而言，我认为几何胜过代数。代数思想的领域颇为模糊，而几何中的空间在所有的人看来都是一个明显连续的东西。简化的过程或抽象的过程，即把事物不相干的属性，诸如颜色、味道、重量等，排开不顾的过程，本身就是一种教育。另外，这些定义以及未经证明的假设命题表明，有必要用明晰的概念来说明主题的诸基本事实以及它们彼此间的关系。所有这一切都不过是该学科的开场白。越往深处走，它的妙处愈加显现。学生一开始并不接触用其规则来烦扰记忆的符号，无论它们如何简单。同样在最初时，推理，如果恰当地进行，都遵循着那些指导每一发展阶段的明晰概念。因此，逻辑方法的实质得到了直接例证的证明。

现在暂且不谈由于普通学生的迟钝和其他学科挤占时间而造成的限制，我们且考虑一下几何在通识教育中到底应给学生提供什么。我将指出学习这一学科的几个阶段，但并不是说只能按这个顺序进行学习。第一个阶段是学习全等（congruence）。我们对全等的认识，实际上取决于在物体外部情况变动不居的同时我们对其内在属性的不变性的判断。然而无论全等表现为什么形式，它实质上都是两个空间区域的相互关系，点与点相对应了，于是所有的对应边和对应角都相等了。值得注意的是，边长相等和角相等的定义，说的就是它们全等，而且所有对相等的检测，比如使用码尺，都不过是一种手段，它使得对全等的直接判断变得容易。我这样说的意思是，除了与之相联系的推理，全等，不论是作为一种更大更深远的概念的例子，还是由于它自身的缘故，都是值得仔细考虑的。与之相关的命题解释了三角形、平行四边形、圆的基本性质，以及两个平面彼此间关系的基本性质。极应把这部分经过证明的命题限制在最狭窄的范围，一方面是通过假设冗余的公理命题，另一方面是通过只介绍那些具有绝对根本重要性的命题。

第二个阶段是学习相似性。相似性可归结为三四个基本命题。相似性是全等概念的扩大，且同全等概念一样，是表现空间中点与点的相互关系的又一个例子。对这一学科的任何进一步学习，都会发展为对相似或位置相似的直线图形的一两个简单性质的研究。这整个学科可在平面图和地图中得到直接的应用。然而，重要的是要记住：三角函数实际上是使主要的定理能付诸应用的方法。

第三阶段学习三角函数的原理。学习的是旋转引入的周期性，以及在相似图形的相互关系中所保留的特性。在此，我们首次介绍了少量使用基于数量研究的代数分析法。函数周期性的重要性需得到充分说明。这里我们只需把最简单的函数性质用于三角形求解及其后续的测量。那些充斥于我们书本的大量公式，虽然本身常常是重要的，对于这类学习却全然无用，应被断然地排除，除非学生能证明它们可作为书本学习的直接范例。

考虑一下三角函数这个例子，排除公式这个问题就能得到最好的说明。当然，我也可能碰巧举了一个不恰当的例子，其中我的判断是错误的。这门课在教育上的大部分优势可如此获得：让学生只学习一个角的三角函数；排除正余弦加法定理，及两角和公式。函数可以用图形表示，三角形的求解也可以实现。于是，科学的那些方面，即表现为以下三者的那些方面，就会通过书本学习和实例在学生的头脑中留下深刻印象：(1) 通过分析体现了从全等和相似性推导出的某些定理的直接结果；(2) 解决测量中主要问题的手段；(3) 对表达周期性和波动所需的基本函数的一种研究。

如果要扩大这一课程，则须加上加法公式。但要特别小心地避免这样的事，即专门让学生们去学那一大套随之而来的公式。所谓"避免"，意思是不应让学生花时间或精力在推理中去获得便利。老师可能会觉得在课堂上演示那样的例子很有趣。但那样的结果不是学生需要的。另外，我也会将外接圆和内切圆的全部内容从三角函数和那以前的几何课程中排除掉。该内容确实很讨人喜欢，但我不明白，它在一个基础性的、非专业的课程中有什么作用。

经排除后，该科目实际的书本学习便下降到很可操作的程度。有人曾告诉我，美国的一所学院要求学生单单在三角函数一门课上就要背诵 90 个公式或结果。我们尚未糟糕到那个程度。事实上，就我们的基础课程而言，我们几乎已达到了这儿所描述的理想。

第四个阶段介绍解析几何。代数中对图形的学习已使用了其基本的概念，现在所需的就是一个经过删繁就简的关于直线、圆以及三类圆锥曲线（它们由各自的方程定义）的课程。此处有两点要说。第一，应常常给学生灌输一些我们并不去证明的数学信息。比如，在坐标几何中，化简二次方程就不是我们所考虑的那类大多数学生所能掌握的。但那并不妨碍我们解释圆锥曲线的重要地位，即它是穷尽了一切可能的那类曲线。

第二，应提倡把作为一个单独学科的"几何圆锥曲线"彻底清除。自然地，在适当的情况下，从某个简单图形进行直接推导，可使解析几何的分析变得轻松。但是，根据焦点和准线特性的定义推导出来的圆锥截面的几何圆锥曲线，却存在明显的缺陷。它深奥得不可救药。这一阶段通常用到的圆锥曲线的那一基本定义，$SP = e.PM$，是糟透了的。它非常深奥，而且没有明显的价值。为何应该学这样的曲线，而不是那些由无数其他公式所定义的曲线呢？但当我们开始学习笛卡尔的方法时，我们首先想到的自然就是一次和二次方程。

在这一理想的几何课程中，第五阶段是学习射影几何

(Projective Geometry）的基础。交比（cross ratio）和射影（projection）的基本概念在此处是基础。射影是我们前面在谈全等和相似性时所涉及的点对点相互关系的一个更普遍的例子。此处我们也必须避免陷入大量令人困惑的细节的危险。

射影几何所要说明的智力方面的思想就是：在一切被证明有某些共同特性的情况中推演出它们的相互关系，这是很重要的。在射影中保留射影的性质，是该学科的一个重要教育理念。交比只作为基本的度量性质保留下来。我们所考虑的不多的几个命题，被选来说明这一推演的程序所造成的两个联合的过程。一个过程是用简化的方法证明。此处所说的简化是心理的而不是逻辑的——因为一般情况在逻辑上才是最简单的。这儿的意思是：用事实上我们最熟悉，或最容易思考的那种情况来证明。另一个过程是从已知的普遍真理推导出特殊情况，只要我们有了发现这种情况的方法，或者测试它们的标准。

圆锥曲线的射影定义，以及用一般二次方程导出的曲线所得到的结果，都可得到简单的说明，但不可明确地将其归于射影几何这一专门学科。这属于那类题目：我们可给予学生关于它的知识，但对于它的证明却应有所节制。

这儿所设想的全然理想（理想总是难以实现）的几何课程，并不是一个漫长的课程。在书本学习的每一阶段，数学推理的实际量是很少的。但须给予更多的解释：要用例子来演示每一命题的重要性，或则由老师演示，或则由学生自己动手；所选的例子应表明该命题所适合的思想领域。通过这一课程，学生会学会分析空间的主要性质，并学会分析研究这些性质的主要方法。

以这种精神学习数学基础，应有逻辑方法上的训练，也应掌握科学和哲学研究宇宙时所基于的那些准确概念。这一代人已对数学教学进行了极好的改革，继续前进，把这一更广更多的哲理精神贯彻到该课程中去，这会是容易的吗？坦率地说，我认为，单靠个人的努力很难达到那一目标。鉴于我业已简单陈述过的理由，教育中的所有改革实现起来都很困难。然而，只要广大教师真正怀抱着这一理想，坚持共同的努力，改革最终就会产生惊人的成果。逐渐地，会写出必要的教材来，然后，考试会得到改革，会更重视该学科中的那些专业性不强的方面。新近所有的经验也表明，大多数的教师都欢迎任何切实可行的措施，以免使该学科蒙上刻板学科的骂名。

——英国数学协会伦敦分会主席致辞，1913 年

第七章　大学及其职能

一

　　大学的发展是当代社会生活的一大显著特征。所有的国家都参与了这一运动，但美国独占鳌头，受到称誉。然而，甚至幸运之礼物也可能使人迷茫。大学在数量上、规模上，以及内部组织的复杂性上的如此成长，却显露出某种危险：由于人们普遍不理解大学在服务于国家时所应发挥的主要职能，这一成长可能会破坏大学作用的根基。我所说的应重新考虑大学职能的这些话，适于所有更发达的国家，特别适于美国，因为这个国家在一种发展中已起到领军作用，只要得到明智的引导，该发展可能会被证实是人类文明迄今为止所采取的最幸运的步骤之一。

　　本文只打算讨论最普遍的原则，虽然在任何一所大学的不同系中，特殊的问题数不胜数。然而，普遍原则是需要例子来说明的,为此我选择了大学里的商学院为例。之所以如此选择,是因为商学院代表了大学活动更新的发展之一。它们与现代国家的主要社会活动也特别相关,因而是很好的例子,可说明国民生活如何受到所属国大学活动的影响。再则也因为,在我有幸执教的哈佛大学,一所规模宏大的商学院刚刚成立。

世界上的顶尖大学之一开办如此规模的一所培训学院,自有其创新之处。它标志着一场运动已达于高潮,该运动多年来促使全美许多大学开办了类似的系。这在大学世界是个新鲜事物,而且,单是它便可证明,某些反思是正确的:反思大学教育的目的,反思已经证明了的、该目的对于社会机体福利的重要性。

不宜夸大开办商学院的新奇之处,因为大学从来就没有自囿于纯抽象学科的学习。欧洲最早的大学,意大利的萨勒诺大学(The University of Salerno),就从事医学的研究。英国的剑桥大学,1316年就成立了一个学院,专门培养"侍奉国王的仆从"。各大学培养过牧师、医务人员、律师、工程师。商业如今已成为高度知识化的职业,所以它完全可归于这一系列。不过它的不同之处在于:适于商学院的课程,以及商学院的各种活动方式,目前尚处于试验阶段。所以,在塑造这些学院的过程中,不断回顾普遍原则就显得特别重要。不过,如果我居然进而考虑其中的细节,或者考虑影响整个培训的平衡的那类政策,那我就未免太冒昧了。对于那类问题,我毫无专门知识,所以不能贸然进言献策。

二

大学是教育之地,是研究之地。然而大学存在的根本理由既不在于仅仅向学生传授知识,也不在于仅仅为教师提供研究机会。

若只是为了这两个职能,我们可以更便宜的手段实现之,而不必花巨资建立大学这样如此昂贵的机构。书本不贵,学徒制也好理解。所以仅就传授知识而言,大学并无任何存在的正当理由,因为印刷术在15世纪就普及了。尽管如此,那个日子之后,建立大学的主要动力就出现了,在近代甚至更为强烈。

大学存在的正当理由在于:它把年轻人和老年人结合在一起,对学习进行想象性的思考,借此而保持了知识与生活热情之间的联系。诚然,大学传授知识,但它以富于想象的方式传授。至少,这是它对社会应尽的职能。这方面不行的大学,实无存在的理由。富于想象的思考所造成的那种热烈的气氛,改变了知识。事实不再是单纯的事实:它充满了各种可能性。它不再是记忆的负担:它赋予我们活力,犹如描绘我们梦想的诗人、实现我们目标的建筑师。

想象不应脱离事实：它是烛照事实的方式。它推演出适于事实的普遍原则（只要它们是存在的），然后理智地考查符合那些原则的另外的可能性。它能使人理性地构建一个新的世界的蓝图，用令人满意的目标维持人生活的热情。

年轻人富于想象，如果他们的想象经训练而加强，这一想象力便能在很大程度上维持终生。世界的悲剧在于：富于想象者经验不足，富于经验者想象不足。傻瓜无知识而仅凭想象行事，学究无想象而仅凭知识行事。大学的任务，就是将想象与经验熔铸为一体。

在充满活力的青年时期，对想象力的最初训练不要求对直接行为负任何责任。人有了公正的思维习惯，便可通过对普遍原则的推演而识别形形色色的理想例证。但当一个人每天都要维持一个具体的机构时，这样的习惯便不能养成。你必须自由地思索，无论对错；必须不纠结于宇宙的危险而欣赏它丰富的多样性。

这些对于大学普遍职能的反思，可同时化为对商学院特殊职能的反思。我们不必讳言，那样的学院的主要的职能就是培养对商业更有热情的人。有人认为，只要怀有追求狭隘的常规物质舒适这样乏味的目的，便可产生对生活的热情，这真是对人性的诽谤。人类，以其开拓性的本能，并以上百种其他方式，宣告了那一谎言系无稽之谈。

在现代复杂的社会组织中，生活的冒险不可能与智力的冒险相脱离。在更简单的情况下，先驱者会听从本能的驱使，直奔他俯视的理想境界。然而在现代商业的复杂组织中，任何成功的改革重组，都须先有分析、富有想象地重建这样的智力冒险。在更简单的世界中，商业关系也更简单，它基于人与人之间的直接交往，基于人如何直面相关的物质环境。今日之商业组织，应富有想象地理解各行各业人士的心理。他们或散居于城市，或散居于山间平原，或往来于海上，或做工于矿山，或生活在林间树丛。今日之商业组织，既应富有想象地懂得热带的环境，也应富有想象地懂得温带的环境；既应富有想象地懂得各大组织间连锁的利益，也应富有想象地懂得整体对它的某个成分任何变化的反应；应富有想象地而不只是抽象地理解政治经济学规律，且要能用具体商业中的具体情况来解释它们。它应了解政府的习惯，及其在不同条件下那些习惯的变化。它应能想象任何人类组织的约束力，应能富有同情地想象人性的局限，以及唤起忠诚服务之心的条件。对于健康规律、疲劳定律，以及持续可靠性的条件，它应略有了解。它应富于想象地理解工厂的环境所产生的社会效应。对于应用科学在现代社会的作用，它应有足够的认识。它应进行那样的品格训练，乃至它对人说"是"或"不"时，不是因为盲目的一意孤行，而是因为对相关选项用心地评估后建立起来的自信。

大学培养了我们文明中的知识先驱——牧师、律师、政治家、医生、科学家和文学家。大学一直是塑造人类理想的家园，那些理想引领着人们去直面他们时代的混乱。当初的英国清教徒离开英国，根据自己宗教信仰所指明的理想建立起了一种社会形态；他们早期的行动之一就是在美国剑桥市建立了哈佛大学，并以怀抱着英国那一古老理想的牧师约翰·哈佛的名字而命名。那些先驱中的很多人所受的训练应归功于该校。现在的商业行为应具有同过去时代一样的那类理性的想象力，即业已传播到其他行业中的那一想象力。而大学正是这样的组织：它提供了有助于欧洲各种族进步的那类精神。

在中世纪早期的历史中，大学的起源很模糊，几乎无人注意。它们是逐渐而自然地生长起来的。但它们的存在，却是欧洲生活在如此多的活动领域持续而快速进步的原因。在它们的作用下，行动的冒险与思想的冒险相遇。当时，人们不可能预想到那样的组织会成功。甚至现在，人们有时也很难理解，人类的不完美之处触处皆是，大学是如何把它们的工作干成功的。当然，大学的工作也有很多失败之处。但如果我们登高而俯览历史，我们会发现大学的成功是引人注目的，且几乎是一贯的。意大利、法国、德国、荷兰、苏格兰、英格兰、美国，这些国家和地区的文化史就证明了大学的影响。说到"文化史"，我主要想到的并非是学者的生涯，而是那些充满活力的人，他们给法国、德国以及其他国家留下了那类不可磨灭的成就,加上他们对生活的热情,因而形成了我们的爱国主义的基础。一个社会能有如此的成就,能成为其中的成员,真我等之幸也!

一个巨大的困难阻碍着人类进行更高层次的努力。在现代,这一困难甚至更严重了,可能更具危害性。在任何大的组织机构里,作为新手的年轻人被分配一定的工作,那些工作要求他们服从命令履行规定的职责。任何一个大公司的总裁都不会把企业中责任最重大的工作让一位初出茅庐的年轻人去做。年轻人被安排干常规的工作,甚至只有偶尔才看得到总裁出入公司。那样的工作是一种很重要的训练,它传授知识,培养可靠的品格;它也是仅适于作为新手的年轻人的工作,雇用他们来就是干那种事的。我并无批评这一习惯做法的意思,只是想指出:这样干可能会产生不幸的后果——长期例行公事般的工作会钝化人的想象力。

结果是,职业生涯后期阶段所必要的品质在早期阶段就遭践踏而丧失殆尽。这只是更普遍事实中的一个事例:欲技艺杰出,只能通过那样一种训练方法,该方法却易于损坏本该指导该技艺的思想活力。这是教育中的主要事实,也是教育中大多数困难的原因。

大学要发挥自己的职能,培养学生今后从事智力工作(诸如现代商业或某种更古老的职业),方法是鼓励他们对潜在于该职业中的普遍原则进行富于想象力的思考。学生于是在大学里学会了将细节与普遍原则联系起来,并在这一实践过程中锻炼了自己的想象力。然后,怀抱着这样的想象力,他们进入了自己的技术学徒时期。日常工作于是便有了意义,并转而阐明了赋予它意义的普遍原则。所以,一个训练有素的人,有望通过琐细的事实和必要的习惯养成想象力,而不会通过傻干积累盲目的经验。

因此,大学的正确职能是让学生富于想象力地获得知识。想象力固然重要,但从商人士或其他行业的人士却没有任何理由不点点滴滴地积累事实,以备不时之需。大学是富于想象力的,否则就什么也不是——至少什么用处也没有。

三

想象犹如传染病,它不可以尺量,也不可以秤称,然后通过教师传播给学生。唯有自身将想象融入学术的教师们,才能将想象传播给学生。我如此说,不过是在重复一种最古老的成说。两千多年前,古人就把学问比喻成代代相传的火炬。那一点燃的火炬正是我所说的想象。大学组织的全部技艺就在于,提供一批其学问被想象点燃的教师。在大学教育中,这是问题中的问题;最近,大学的学生和活动的数量都大大增加了,我们有理由为此而感到自豪。但如果我们不小心错误地处理了这一问题，就产生不了理想的结果。

想象和学问的结合通常需要悠闲，不受束缚，没有烦恼，经验应多种多样，能与观点不同、资质不同的人交流而获益。还要有活跃的好奇心和自信心。之所以有自信，是因为对周围社会在促成知识进步方面所取得的成就感到自豪。想象力不能一劳永逸地获得，然后无限期地保存在冰箱里，以待今后周期性地定量生产。有学问且富于想象的生活，是一种生活方式，而不是一种商品。

大学为一批有效率的教师提供这些条件，并让他们利用这些条件。正是在这方面，大学使得教育和研究这两个职能融为一体。你想让你的教师富于想象力吗？那就鼓励他们搞研究吧。你想让你的研究人员富于想象力吗？那就让他们与那样的年轻人产生理智上的共鸣吧：他们正处于最热烈、最富于想象的生命期，智力正需周密的训练。让你的研究人员去对那些面临茫茫大千世界、思想虽活跃却未定型的年轻人解释自己的研究工作吧。让完成了学业的学生去接触那些富于心智冒险的人士吧。教育是一种培养人敢于在生活中冒险的训练；研究就是心智的冒险；大学就该是让年轻人和老年人共同冒险的场所。成功的教育肯定总是让学生所学的知识中含有某种新鲜的东西。或则它本身是新颖的，或则它对于新时代的新世界具有某种新的用途。知识的保鲜犹如鱼类的保鲜。你可能传授的是关于古老物种的知识，讲的是某种陈旧的道理，但当你讲给学生听时，却应似乎是它刚从海里捞起，尚带有当时新鲜的重要性。

学者的职能就是唤醒生活中的智慧与美。没有他那神奇的作用，它们可能仍掩埋于往昔的烟尘之中。一个社会之所以进步，是因为它含有这三类人——学者、发现者、发明者。它的进步还取决于这一事实：社会中受过教育的大众中的每一个人都同时略具学者、发现者、发明者的气质。我此处用"发现"一语，意思是知识进步了，真理达于更高程度的普遍性；而"发明"一语则指的是，知识进步了，普遍真理能具体地服务于当前的需要。显然，这三组人你中有我、我中有你，而且，从事实际工作的人，只要对社会的进步做出了贡献，都应被称为发明者。但任何作为个体的人的作用都有限，也自有其特殊的需要。对于一个国家来说，重要的是，应把所有的这些进步因素紧密联系起来，于是研究就会影响市场，市场反过来也会影响研究。把这些进步的活动融合起来，化为促使进步的有效工具，在这方面大学发挥了主要作用。当然，发挥作用的不止大学，但这却是不争的事实：今日进步的国家正是那些大学繁荣的国家。

我们决不能认为，表现大学独创性的思想成果，只能通过发表的、标有作者姓名的论文和书籍来衡量。人的成果，正如他的思想实质，自有其独特的表现形式。某些特别具有创造性的人，偏不喜写作或类似写作的事。在每一个学院你都会发现，优秀的教师未必是发表文章多的人。他们的独创性表现在课堂上与学生的直接交流，或与学生的个别交流。那样的教师有巨大的影响力；但待他们的那一代学生离世后，他们便归于沉寂，成为不被感恩的人类恩主那一庞大队伍中的成员。所幸他们中仍有一人是不朽的——苏格拉底。

所以，用署有姓名的出版物来评估每位教师的价值，是极其错误的。目前就有这一错误倾向。对于当政者的那一对效率有害、对无私的热情不公的态度，应强烈反对。

然而，尽管考虑到这一切，衡量师资整体效率的一个很好的方法，却应该是看它是否以出版物的形式做出了它那一份思想贡献。但衡量那一份贡献的标准应是思想的分量，而不是字数的多少。

这一调查显示，对大学教师的管理不同于对商业机构的管理。教师的口碑，以及他们为了实现大学的目的而抱有的热情，是高水平大学工作的唯一有效保障。大学教师应是一群学者，相互激励，自由决定自己所从事的各种活动。你固然可以做出某些正式的规定，诸如上课的时间呀，师生必须到场呀，等等。但事情的核心却是超越一切规定的。

这与公正地对待教师的问题无甚关系。雇用一个人在任何合法的条件下（诸如时间、工资等）从事任何合法的工作，这是完全公正的。若不情愿，谁也不必勉强接受教职。

唯一的问题是，哪种条件会产生那类成功管理大学的教职员工？危险在于：很容易产生一群全然不称职的教师——一群高效的学究和书呆子，因为公众只有在大学接连数年断送了学生的前途之后，才会发现二者的不同。

在伟大的民主国家，只有当最高当局特别有节制而不逾矩，记住不能用适用于通常的商业公司的那一套规则和政策去管理大学，现代大学制度才有望获得成功。商学院也不能例外，不能超越大学生活这条原则。就这一题目，很多美国大学的校长最近已公开把话说尽，使人确实无须赘述。但公众中的那些有影响力的人——无论是美国的或其他国家的——是否会听从他们的建议，却似乎是个令人怀疑的问题。就教育而言，大学的全部意义就在于：让年轻人受教于一群富于想象力的学者。因此，正如经验所显示的，我们无论如何都得适当关注能产生那样一群学者的条件。

四

欧洲的两所在历史和声誉上都名列前茅的大学，是巴黎大学和牛津大学。我来谈谈我的国家的那所大学，因为我对它更熟悉。牛津大学也许犯过很多错，但尽管它有诸多不足，在数个世代里它却保持着一个最大的优点，与之相较，细节上的失误轻如微尘：在数个世纪里，在它漫长的生涯中，它造就了一批又一批治学富于想象的学者。仅仅因此，凡爱文化者，对此学府思之无不动情。

但我大可不必跨海越洋去寻找例证。《独立宣言》的作者杰弗逊先生在一定程度上就够格被视为最伟大的美国人。他在不同领域的成就都堪称完美，这使他可跻身于历史上为数不多的伟大人物的行列。他创办了一所大学，由于他博学多才，稍下工夫便使得该大学在各方面都能激发人的想象——建筑之美，格局之美，甚至完善的设备和严密的组织也无不激发人的想象。

美国有很多其他的大学能说明我的道德观，但最好的例子莫过于哈佛——这所清教运动的代表性大学。17、18世纪新英格兰的清教徒是一群极富想象力的人，他们虽木讷于言辞，不喜用浮词浪语言美，内心却似乎骚动着理性构建的精神真理。那些世纪里执教于大学的清教徒们肯定是些富于想象力的人，他们培养出了声名远播的伟大人物。后来，清教主义锐气稍减，在新英格兰文学的黄金时代，爱默生、罗威尔以及朗费罗在哈佛崭露头角。现代科学的时代随后逐渐兴起，我们在威廉·詹姆斯身上又发现了典型的富有想象力的学者的身影。

今日的哈佛开办了商学院，大学必须奉上的仍然是那件古老的礼物：想象力，那一代代相传的火炬。那是一件危险的礼物，曾引起过熊熊大火。如果我们在这一危险前胆小畏缩,还不如干脆把大学关闭了。想象力是一种天赋,善于经商的伟大民族常常具备之——它与希腊、佛罗伦萨、威尼斯联系在一起,它体现在荷兰的学问里、英国的诗歌里。商业与想象相俱繁荣。想象力,是一种天赋,任何人,只要他们为自己的国家渴求雅典所取得的那一永恒的伟大,都应为自己的祖国祈求——

> 帝国公民,帝国抱负;
> 雄踞古今,无有匹敌。

抱负比这更小,则不足以言美国教育也!

——1927年在美国商学院协会的发言

第八章　思想的组织

此次讲演的主题为思想的组织，这显然是一个可以很多不同方式讨论的题目。我尤其想谈谈与我的研究有些关系的逻辑科学。如果我能谈得成功，我还有意拓展这一讨论，以展示它与潜在于普遍科学活动中的某些想法的关系。

科学的世代步入了组织的世代，这并非偶然。有组织的思想是有组织的行动的基础。所谓组织，就是对形形色色的成分加以调整，以使它们的相互关系显现出某种前定的性质。一首史诗就是组织的巨大成功，这意思是，一个貌似不可能成为史诗的事件居然被写成了一首好的史诗，这就是组织手段的巨大成功。它成功地将大量词语的声音组织在一起，把词语和对日常生活中形形色色的事件与情感的栩栩如生的记忆联系起来，加上对重大事件的特别叙述：这样便形成了一个整体，足以激发人——如弥尔顿所说——朴素、感性、热烈的情感。成功史诗的数量与组织工作明显的难度成比例，或者毋宁说，二者是成反比的。

科学是对思想的组织。但史诗的例子却告诫我们：科学并非是对思想的任何组织，而是我们努力要确定的某种明确类型的组织。

科学是一条拥有双源头的河流，实践的源头和理论的源头。实践的源头就是促使我们采取行动达到预定目标的那一欲望。比如，英国这个国家，在为正义而战的过程中，转而求助于科学，于是科学教会了它含氮化合物的重要性。理论的源头就是追求理解的那一欲望。我现在要强调的是理论在科学中的重要性。但为了避免误解，我要特别强调，我并不认为一个源头在任何意义上比另一个源头更高贵，或在本质上更有趣。我不明白，努力去理解何以比忙于去正确安排自己的行为更高贵。两者都有坏的一面。既存在着指导行为的邪恶目的，也存在着驱动人去理解的不正当的好奇心。

甚至在实践中，科学的理论方面也是重要的，因为行动应该是直接的，它在极其复杂的情况下发生。如果我们待有了行为的必要条件后才开始整理我们的想法，在和平时期我们就会在商场上吃败仗，在战争时期我们则会在战场上吃败仗。实践中的成功取决于理论家，他们曾在其他动机的引导下进行过探索，有过实践经验。如今机缘巧合，触动了灵机，他们便有了相关的想法。我所谓的理论家，不是那种高居云端的人，而是那样的人，他思想的动机就是要正确地总结出事件的发生所遵循的规律。一位成功的理论家应该对直接的事件极其感兴趣，否则他决无可能正确地总结出关于那些事件的任何东西。当然，科学的两个源头存在于一切人。

那么，被我们称为科学的这个思想组织是什么呢？现代科学给善思的观察者留下的第一个深刻印象，就是它那归纳的特性。一系列的思想家，尤其是英国的思想家，培根、赫歇尔（Herschel）、约翰·穆勒、文恩、耶方斯，以及其他一些人，思考过归纳的性质，它的重要性，以及归纳逻辑的规则。我不打算投身到对归纳过程的分析中。归纳是机制不是产品，而我要考虑的却是产品。我们理解了产品，方更有能力改进机制。

首先，有一点必须强调。在分析科学的诸过程时，人们有这样一种倾向：假设一套已知的适用于自然的概念，然后设想，所谓发现自然规律，不过就是通过归纳逻辑从一组可能的备选关系中选出一种关系，即在自然里符合这些明显概念的诸事物中可能成立的那种关系。在某种意义上，这个假设颇为正确，特别是在科学的早期阶段。人类当初发现自己拥有了某些关于自然的概念——比如关于相当持久的物质实体的概念——进而决定了与自然中相应的知觉对象相关的规律。然而对规律的阐述方式改变了概念，有时改变不多，只是使之更精确，有时则改变得厉害。最初，这一过程并未引起人们多大的注意，或者说人们觉得这不过是一个局限于狭窄范围的过程，未触及根本概念。到了我们现在这个阶段，人们可以看到，阐述概念的重要程度，相当于阐述与我们所构想的那个宇宙中的事件相关的那些经验规律。比如，生命、遗传、物质实体、分子、原子、电子、能、空间、时间、量、数等概念。我并无把弄清楚这些思想的最佳方法教条化的意思。要弄清楚这些思想，只能靠那些对相关事实有过专门研究的人。成功永非绝对。方向正确的进步，是循序渐进、锲而不舍地将概念与事实进行比较的结果。衡量成功的标准就是看我们能否明确表达经验规律。所谓经验规律，就是对关系的说明，即把我们构想的宇宙中的形形色色的部分联系起来的那些关系；就是具有如此性质的规律——它们让我们能够把生活中的实际事件，解释成我们对这个想象中交织一体的世界的片段认识。

然而，对于科学的目的来说，什么才是实际的世界？难道只有待形而上学的争论有了结果，科学才能决定自己的主题？我认为，科学有一个朴实得多的起点。它的任务是发现那些关系，它们存在于形成我们生活经验的那一由知觉、感觉、情感构成的流变之中。由视觉、听觉、味觉、嗅觉、触觉，以及更雏形的感性感受所产生的全景，才是唯一的活动之场。正是在这个意义上，科学才是思想对经验的组织。这一实际经验之场的最明显方面，就是它那无序的特点。对于每一个人，它都是一个连续统，片段性的，其中的成分并未清楚地区分开。对不同人等感性经验的比较，自有其困难。我坚持认为，极其不整齐划一、乱七八糟，就是实际经验场的特点，而科学却正是发轫于此。在构建一种科学哲学的过程中，把握了这一基本真理就算是智慧初露端倪了。由于科学所构建的那一套术语的影响，这一事实遭到遮蔽。这一影响强使我们接受确切的概念，似乎它们代表了经验的直接表现。结果是，我们便想象，我们能直接经验世界，它是由完美定义的客体组成，那些客体隐含在完美定义的事件中，那些事件我们是通过感官直接认识到的，它们发生在精确的瞬间，发生在由精确的点构成的空间，无部分、无大小：它正是科学思想所追求的那个井然有序的精确世界。

我的观点则是：这个世界是一个观念的世界；它的内在关系即抽象概念间的关系；科学哲学的根本问题就是要解释这个世界与实际经验感受之间的精确联系。我现在请诸位思考的问题是：精确的思想如何适用于片段的、模糊的经验连续统？我并不是说它不适用于后者，而是恰好相反。但我想知道它是如何适用的。我所要求的答案不是一句话，无论其如何精彩，而是科学的一个实在的分支，它是人们以坚韧的耐心逐渐构建而成的，可详细地表明二者间的联系是如何实现的。

思想组织最初的重要步骤无一例外地是出自科学活动

的实践源头,其中并不掺有理论的冲动。这些步骤逐渐缓慢地完成,它们既是略有理性的人渐次进化的原因,也是其结果。我所谓的这些步骤,是指的这些概念的形成过程:关于明确的物质客体的概念,关于确定的时间流逝的概念,关于共时性、循环性的概念,关于明确的相对位置的概念,以及关于类似的基本思想的概念。根据这些概念,我们的经验之流在头脑中得到安排,以方便不时之需:事实上,这正是常识思想的一整套机制。且想想一张明确的椅子。关于该椅子的概念,就是一切与它有关的相互关联的经验的概念——制造该椅子者的经验,出售该椅子者的经验,见到该椅子或使用该椅子者的经验,此刻正舒服地稳坐在该椅子上的那人的经验,再加上我们对类似未来的预想,最后,经历了种种不同的事情后,该椅子以坍塌或成为柴火而告终。形成那类概念是一个庞大的工程,动物学家和地质学家告诉我们,它历时数百万年。我对此深信不疑。

我现在强调两点。首先,科学植根于我刚才所说的常识思想的那一整套机制。它正是那样的予料(datum),科学始于它且肯定会再现于它。如果我们觉得好玩有趣,我们不妨设想一下其他星球上的其他生命体,它们根据一种全然不同的概念代码安排处理了类似的经验——也就是说,它们主要关注的是它们的形形色色的经验间截然不同的诸关系。但做如此之设想,这一任务未免太复杂、太庞大,要修改常识思想的主要构架谈何容易。你可改进常识，在细节上反驳它，也可使它感到意外，但最终，你的整个任务还是要满足它。

其次，无论是常识或科学，倘不在某方面摆脱对经验中实际东西的亦步亦趋的思考，便都不能继续思想组织的那一任务。且再想想我说过的椅子吧，在它的概念所立足的诸经验中，我还加进了我们对它未来历史的预想。我本该进一步加上我们对一切可能经验的想象，用通俗的话来说，就是可能发生过的对椅子的感知。这是一个难题，我尚看不到有什么解决的办法。但目前，如果我们拒绝承认想象的经验，在构建一种时空理论的过程中，我们就会有不可逾越的困难。

这种想象的经验感知（如果发生的话，会与我们的实际经验一致）似乎是我们生命中根本的东西。它既非全然随意性的，又非充分决定性的。它是一种模糊的背景，只有孤立的思想活动可使它部分地明确起来。比如，且想想我们对未见过的巴西植物群的想法吧。

想象的经验与我们在想象中复制的他人的实际经验是紧密联系的，也与我们对自我的这一不可避免的看法紧密联系：我们是从一个超越我们自己的外部复杂实在体接受我们的印象的。情况可能是这样的：对经验的每一源头和类型进行了充分的分析后，便有了明显的证据，证明了那样的一个实在体以及它的性质。的确,很难怀疑情况就是如此。对此问题做精确的解释,那是形而上学的难题。在此次讲演中我急于要提出的观点之一就是:科学的基础并不取决于任何形而上学结论的假设;但科学和形而上学都始于同一给定的直接经验的基础,不过总的说来,它们却以相反的方向朝各自的任务奔去。

比如,形而上学研究的是,我们对那一椅子的知觉,如何将我们同某一真实的实在体联系起来。科学则把这些知觉收集起来组成一个确定的类别,且添加上类似类别的想象知觉——这些知觉在可归因的情况下是可获得的——关于那一套知觉的这一单一概念,便是科学所需的一切。

我直接的难题是要探究科学结构的本质。科学在本质上是逻辑的。它的诸概念间的联系是一个逻辑的联系,它的具体主张的依据是逻辑的。詹姆士国王曾说过:"无主教,则无国王。"我们可以更有信心地说:"无逻辑,则无科学。"大多数的科学家本能地不愿承认这一真理,我认为其原因是,在过去的三四个世纪里,逻辑理论毫无建树。对其失败的原因,我们可追溯到人们对权威的崇拜。在文艺复兴时期,这在学术领域的某些方面就有愈演愈烈之势。人类当时改变了他们所崇拜的权威,这一事实暂时起到了解放的作用。但主要的事实却是——在现代运动之初,人们对此多有抱怨[①]——人们形成了对任何古典作家说的话都崇敬不已的态度。学者一时成了那些微妙得无法解释的真理的评论者。一门犹豫不决、总是不愿意忘记其创始人的科学，结果是当断不断必受其害！它之所以犹豫不决，我认为是因为逻辑贫乏。人们不信任逻辑理论和数学的另一个原因是，他们认为，演绎推理不能给人任何新的东西；你的结论隐含在你的前提里，而你的前提是你通过假设得知的。

首先，最后这一对逻辑的指责忽略了人类知识零碎、无条理的特点。周一知道一个前提，周二又知道一个前提，这在周三对于你毫无用处。科学则是对前提、推论、结论的恒久记录，人们根据它与事实相符的程度来检验它。其次，说我们知道了前提也就知道了结论，这一说法是不对的。比如在做算术时，人就并不是在测算男孩那样的具体事物。任何理论，只要它证明，它很清楚它的假设会有什么结果，肯定都是错误的理论。我们可想象具有如此洞察力的生物，但我们却不是那样的生物。我认为，我这两个回答既真实又切题。但它们并不令人满意。它们太具有打人的大头棒的性质了，太外在了。我们所要的是某种更具解释性的东西，来为我们说明这一问题所暗示的真正困难。其实，真正的

[①] 例如，1551年意大利经院哲学家对此就有抱怨。参见斯卡皮（Scarpi）同年发表的《特伦托会议史》（*History of the Council of Trent*）。——原注

答案就潜藏在我们对于逻辑与自然科学的关系那一重要问题的讨论中。

有必要勾勒出现代逻辑某些相关特征的大致轮廓。做此事时，我将尽量避免占据传统逻辑学主要内容的那些深入的一般性讨论，以及那些微细的技术上的分类。早期的科学（在那样的时期，逻辑学业已僵化成石）有这一特点：目标深远、雄心勃勃，同时又能细致入微地处理细节。

我们可识别逻辑理论的四个门类。用一种不太离谱的类比法，我可称呼这些门类为算术门类、代数门类、广义函数理论门类、解析函数门类。我的意思并不是说，算术出现在第一门类，代数出现在第二门类等等，而是说，这些名字暗示，每一门类中的思想具有某些性质，它们使人想起在算术、代数、数学函数的一般理论、特殊函数性质的数学分析中的类似性质。

第一门类——算术的阶段——研究的是确定命题间的关系，正如算术研究的是确定的数。请想想任何确定命题，且把它称为"p"。我们可以想象，总是存在着另一个与"p"直接对立的命题，且把它称为"非p"。当我们有了p和q两个命题时，我们便可从它们以及它们的对立命题得出选言命题。我们可以说，"最后p或q中有一个为真，也许两者都为真"。我们且把这一命题称为"p或q"。容我离题说桩逸事，最伟大的在世哲学家之一曾说过，这个"或"

字——"p 或 q"中的"或",意思是两者中任意一者为真,或两者都为真——弄得他对精确表达绝望了。我们必须勇敢面对他的愤怒;他的愤怒我也实在难以理解。

我们于是便有了四个新的命题,即"p 或 q""非 p 或 q""p 或非 q""非 p 或非 q"。且把这些称为析取导数集。目前为止,总共有了八个命题,即 p、非 p、q、非 q,再加上四个析取导数。这八个命题中的任何一对都可以被接受,并在此前的处理中替代 p 和 q。因此,每一对都会产生八个命题,其中一些命题可能是以前就得到了的。如此推演下去,我们会得到一组无穷无尽的、越来越复杂的命题集,这些命题根本上是从两个原始的命题 p 或 q 推导而来的。当然,其中只有一些是重要的。同样,我们可从 p、q、r 三个命题或从 p、q、r、s 四个命题等开始。这些集合中的任意一个命题都非真即假,别无其他选择。无论其是真是假,且称它为命题的"真值"。

逻辑研究的第一门类,就是要解决,当我们认识到这些命题中某些命题的真值时,我们对这些命题的真值知道些什么。这一研究,既然值得进行,就不是非常深奥难解的。表达其结果的最佳方式,是一个我此刻不想去考虑的细节。这一研究形成了算术的阶段。

逻辑理论的下一个门类是代数阶段。算术门类和代数门类的区别在于,在算术里人们考虑的是确定的数,而在代数里人们引进的是符号,即字母,用它们来代表任意数。关于数的概念也扩大了。这些代表任意数的字母,有时被称为变量,有时被称为参数。它们的本质特征就是,它们是不确定的,除非它们所满足的代数条件暗中决定了它们。于是它们有时就被称为未知数。一个由字母表示的代数公式,是一种空白的形式。当确定的数代替了字母,它才成为一个确定的算术表达式。代数之所以重要,是因为它有助于对形式的研究。且想想下面这个命题:

汞的比热为 0.033。

这是一个确定命题,在某些限制条件下为真。但这个命题的真值并不直接引起我们关心。用一个字母(它代表某个未定的东西)来替代汞,我们就得到:

x 的比热为 0.033。

这不是一个命题;它被罗素称为一个命题函数。它是一个代数表达式的逻辑类比。我们且用 $f(x)$ 来表示任何命题函数。我们也可进一步归纳说:

x 的比热为 y。

于是我们得到另一个由两个自变量 x 和 y 组成的命题函数 F（x，y），依此类推，适于任意多个自变量。

现在且想想 $f(x)$。x 存在一个值域范围，使得 $f(x)$ 成了一个命题，无论该命题是真或是假。对于此范围以外 x 的值，$f(x)$ 就全然不是一个命题，既说不上真也说不上假。它可能对我们有模糊的暗示，但却没有明确断言的单位意义。比如：

水的比热为 0.033。

这是一个假命题。而比如：

美德的比热是 0.033。

在我看来它就根本不是一个命题，因而谈不上真与假，虽然它的组成部分在我们的头脑中可唤起不同的联想。值的这一范围——在这个范围内 $f(x)$ 才有意义——被称为自变量 x 的"类型"。

然而 x 的值也存在一个范围，在这个范围内，$f(x)$ 就是个真命题。这就是该自变量满足 $f(x)$ 的那些值所构成的那个类。这个类可能没有成员，或者，在另一种极端情况下，这个类就是自变量的整个类型。

我们于是设想了两个关于不定数的一般命题，它们是具有同一逻辑形式的命题，也就是说，它们是同一命题函数的值。其中的一个命题是：

对于固有的类型中的任意一个 x，$f(x)$ 蕴含着一个真命题。

另一个命题是：

存在一个 x 使得 $f(x)$ 为真。

给定两个或更多的具有同一自变量 x 的命题函数 $f(x)$ 和 $\varphi(x)$，我们便可形成导数命题函数，诸如：

$f(x)$ 或 $\varphi(x)$，$f(x)$ 或 非 $\varphi(x)$。

加上矛盾命题，便形成了一个无穷的命题函数集，正如在算术阶段那样。每一个命题函数也产生两个一般命题。出自任何那样的命题函数集的一般命题，它们的真值都是相互联系的，这一理论形成了数理逻辑的简单而优美的篇章。

逻辑的代数门类，提及了关于类型的理论，这是我们业已注意到了的。忽略它，必犯错。至少必须用某种保险的假设来确定这一理论,即便这不能触及该问题的哲理基础。虽然罗素辉煌的工作开启了对此的研究,但该主题的这一部分模糊而难解,尚未最终得到阐明。

现代逻辑之所以有了最终推动力,是由于弗雷格[①]和皮亚诺[②]独立发现了逻辑变元的重要性。弗雷格较皮亚诺更深入,但可惜他那一套符号学使得他的著作晦涩难懂,乃至凡未曾弄懂此学问的人,都不能充分理解他的意思。但现代逻辑运动有着漫长的历史,其源头可追溯到莱布尼兹,甚至亚里士多德。英国对此有贡献的人包括德·摩尔根[③]、布尔[④]、肯普[⑤]。他们的工作都是一流的。

第三个逻辑门类是广义函数论的阶段。用逻辑术语来说,在此阶段,我们从内涵过渡到了外延,开始研究外延理论。以命题函数 $f(x)$ 为例。存在着关于 x 的类或者取值范围,它的成员满足 $f(x)$。但同一个范围可能是这样一个类,它的成员可满足另一个命题函数 $\varphi(x)$。有必要研究一下如何以某种方式来表明这个类,该方式在不同的命题函数间(那些函数被该类中的且只能是该类中的任意成员所满足)都

---

① 弗雷格(Frege,1848—1925),德国数学家,哲学家,现代数理逻辑的奠基人。
② 皮亚诺(Peano,1858—1932),意大利数学家,符号逻辑的奠基人。
③ 德·摩尔根(De Morgan,1806—1871),英国数学家和逻辑学家。
④ 布尔(Boole,1815—1864),英国数学家和逻辑学家。
⑤ 肯普(Sir Alfred Kempe,1849—1922),英国数学家。

是中立的。必须要做的就是，分析关于一个类的诸命题的性质。所谓命题指的是那些命题，它们的真值取决于该类本身，而不取决于用来说明该类的特殊意义。

此外，还有一些命题是关于被提到的人的，它们表现为描述性的短语。比如这样的命题："现任英国国王"，他确实还在；"现任巴西皇帝"，他却并不存在。涉及两个变量的命题函数的那些问题，虽更复杂，却是类似的，它们都含有"相互关系"的概念，正如一个自变量的函数含有类的概念。同样，三个自变量的函数产生三角相互关系，等等，不一而足。这一逻辑门类是罗素独创的，它肯定始终都仍然是根本的东西。我把这称为函数论门类，因为它的思想对于构建用逻辑表述函数的方法至关重要；那些函数包括了作为特殊情况的普通数学函数，诸如正弦、对数等。如果我们要进入第四个阶段，那么在这三个阶段中的每一个阶段都有必要逐渐引进一套恰当的符号。

第四个逻辑门类，即解析函数的阶段，研究特殊逻辑结构的性质，即类的性质，以及特殊类别之间的相互关系。这部分包括了整个数学，因此是个范围极大的门类。事实上，它不多不少就是数学，不过它分析了迄今为止尚未包括在该科学领域中的，且确实全然未被思考过的那些数学观念。这一阶段的实质是构建。正是通过合适的构建，应用数学的巨大框架，包括关于数、量、时间、空间的理论，得到了详尽的阐述。

不可能解释，哪怕说个大概，数学是如何从关于类和相互关系（包括多角相互关系）的概念发展而来的；那些概念是在第三个门类建立起来的。我只能提一下这一发展过程中的题目，在罗素先生与我合著的《数学原理》一书中，对此则有详解。在这一发展过程中，有七种特别的、尤其有趣的相互关系。第一种包括一对多、多对一、一对一的相互关系。第二种包括序列关系，也就是某域内的成员按序列顺序排列的相关关系，因此，根据该关系所定义的意义，域内的任何成员要么在任何其他成员之前，要么在其他成员之后。第三种包括归纳关系，即数学归纳理论所依据的相互关系。第四种包括选择关系，这是算术运算的一般理论以及其他地方所需的关系。正是由于这样的关系，著名的乘法公理才引起了人们的重视。第五种包括矢量关系，由此产生了数量理论。第六种包括比率关系，它把数和量联系起来。第七种包括几何中出现的三角和四角关系。

仅仅像上面那样列举专业术语，并不具有很大的启发性，虽然可能有助于对该题目诸界限的理解。请记住，这些术语是专业性的，毫无疑问意味着有暗示性，但使用时却有着严格的定义。批评家们对我们有不少批判，他们认为，单凭他们对那些术语词典意义的浅薄认识，便可来批判我们的做法。比如，一个一对一的关系，是基于只有一个成员的类的概念，对这一概念进行定义无须诉诸数字一的概念。所需的只是多样性的概念。因此在下列条件下 a 类就只有一个成员：如果（1）满足命题函数"x 不属于 a"的那个由 x 的值所构成的类，不是 x 的相关值所构成的那个完整的类型；如果（2）无论 x 和 y 在相关类型中的值为何，命题函数"x 和 y 属于 a，且 x 不同于 y"为假。

　　对于更高的有限基数成员，类似的过程显然是可能的。于是，一步一步地，当前的全部数学概念便可用逻辑来定义了。该过程是琐屑而艰难的，如同所有的科学，绝不是一条由浮词浪语构成的康庄大道。这一过程的实质是，首先，根据命题的形式，即根据相关的命题函数，来构建概念；其次，参考在逻辑的代数门类所获得的结果，来证明支持该概念的基本真理。

　　我们将看到，在这个过程中，特殊的、难以定义的数学概念，以及牵涉数、量和空间的特殊的先验数学前提的那一整套工具都消失了。数学只是一种用来分析推论的工具，那些推论可从任何特殊前提中得出，或由常识提供，或由更精微的科学观察提供，只要这些推论取决于命题的形式。某些形式的命题持续地出现于思想中。我们现存的数学就是分析与这些形式相关的推论，它们在某种程度上是重要的，或则是因为有实际的用途，或则是因为有理论的价值。此处我所说的，是事实上存在的科学。对数学的理论定义，应将任何基于单纯命题形式的推论包括在它的范围里。不过,当然没有人会希望去发展数学中的毫不重要的那部分。

这一对逻辑观念的仓促总结表明了某些思考。人们不禁要问:存在着多少命题形式?答案是:无数。于是,何以逻辑科学被视为是贫瘠的,也就可以理解了。亚里士多德构想了命题形式的概念,认为推理凭借形式而发生,因而建立起了逻辑科学。但他把命题局限于四种形式,即全称肯定命题(A),特称肯定命题(I),全称否定命题(E),以及特称否定命题(O)。只要逻辑学家执迷于这一不幸的限制,就无真正的进步可言。还有,亚里士多德和后继的逻辑学家,他们的形式论都很接近逻辑变元论。但接近一种真实的理论,与精准地应用它,正如科学史教导我们的,却是截然不同的两码事。凡重要的事此前都被人提到过,但却并未被人发现。

再则,逻辑推理之所以不明显,其原因之一是,逻辑形式并非一个通常会进入思想的主题。常识性的推理可能是由盲目的本能推动的,从一个具体的命题到另一个具体的命题,受到某种习惯性的概念联想的指导。因此,在大量的材料面前,常识性推理就束手无策了。

一个更重要的问题是,基于观察的归纳与演绎逻辑的关系。喜欢归纳的人和喜欢演绎的人之间,历来有对立情绪。在我看来,即便一条虫子首尾打架也是可以理解的。对于任何值得拥有的知识,观察和演绎都是必要的。不借助于一个命题函数,我们便无法总结出一条归纳的定律。比如,被观察到的事实被陈述为:

这个物体是水银,它的比热是 0.033。

命题函数于是就形成了:

或者 x 不是水银,或者它的比热是 0.033。

归纳法则是对一般命题之真的假设,即假设上述命题函数,对于相关类型中 x 的每一个值都为真。

但有人反对道,这一过程和它的结果很简单,犯不着动用一门精微的科学。一位英国水手熟知他所航行的大海的海水,同样我们也可问:对海水做精微的化学分析有何用呢?对这类问题有一般的回答:对你总是采用的方法,知道得越多越好;也有特别的回答:逻辑形式和逻辑含义并非如此简单,整个数学就是证明它的证据。

研究逻辑方法,其重大用途不在精微演绎的领域,而在于指导我们研究科学的主要概念是如何形成的。比如,不妨想想几何学。构成空间的点是什么?欧几里得告诉我们,点是无组成部分、无大小的。但点的概念是如何从科学所源自的感官感知中派生出来的呢？当然，点并非感觉所直接传送的。我们到处都可看到或不快地感到暗示了一个点的某个东西。但这是一个罕见的现象，当然不能担保所谓空间是由点构成的这一说法是正确的。我们关于空间性质的知识，并非基于我们对点与点之间的关系的任何观察。它来自我们对物体与物体之间关系的经验。而物体与物体之间根本的空间关系却是：一个物体可以是另一个物体的一部分。我们倾向于用这样的说法来定义"整体与部分"的关系：部分所占据的点，是整体所占据的某些点。但由于"整体与部分"是一个比"点"更根本的概念，故这一定义就真的是循环的，且是恶性的。

我们于是提出这样的疑问：对"空间整体和部分"可否给出另外的定义。我认为这样做是可能的，即使我错了，这对于我的总体论点并无大碍。我们形成的结论是：一个广延的物体，不过是一个由它所有的感知者对它的感知所构成的类，无论这个类是实际的或想象的。当然，它并不是由感知构成的任何类，而是某种明确的类，我这里尚未定义它，只能用一种有缺陷的方法说，它们是对物体的感知。这样，对一个物体某部分的感知，就属于构成整个物体的那些感知。因此，a 和 b 两个物体都是由感知构成的类；当 b 这个类被包含在 a 这个类时，b 就是 a 的部分。于是从这个定义的逻辑形式，我们便可直接推导出：如果 b 是 a 的部分，c

是 b 的部分，那么，c 就是 a 的部分。于是"整体与部分"的关系便是可转移的。同样，承认一个物体是它自身的部分会是很方便的。这不过是一个你如何得出定义的问题。根据这一理解，该关系是反身性质的。最后，如果 a 是 b 的部分，且 b 又是 a 的部分，那么 a 和 b 就肯定是相同的。"整体与部分"的这些属性并非新鲜的假设，它们是从我们的定义的逻辑形式推导出来的。

如果我们认为空间在想象中是无限可分的，那就必须做一个假设。即假设，每一个由感知构成的类，即一个广延物体，都包含由感知构成的其他的类，它们是异于它自身的广延物体。这一假设对关于想象感知的理论提出了很高的要求。除非你以某种形式构建几何，否则它便会消失。这一假设并非我的解释所独有。

这样就有可能定义我们所谓的点了。一个点就是由广延客体构成的类，用通俗的话来说，那些广延客体包含了这个点。这一定义，并未预先假定关于某一点的概念，故颇为复杂，而且我现在也没有时间来陈述它。

把点引入几何，其好处是简化了对它们相互关系的逻辑表达。对于科学来说，定义的简明无关紧要，但相互关系的简明却是极其重要的。关于这一规律的又一例子，是物理学家和化学家对一个广延物体，比如一把椅子，这样连孩子都懂的简单概念的解释。他们把它分解成了一个炫目的概念，说它是一场分子、原子、电子和光波的复杂舞蹈表演。他们因此而获得了逻辑关系更为简单的概念。

如此构想的空间，准确地表达了经验的常识世界所见的显明空间的特性。它不必是物理学家构想空间的最佳方式。一个基本的必要条件是：在自己空间里的常识世界，与在自己空间里的物理学家的世界，二者之间的来往应该是明确而交互的。

我现在要停止阐述逻辑在关于自然现象的科学中所起的作用。我迄今为止都努力把逻辑说成是组织的原则，根据它来分析概念是如何从直接的现象得来的，考查被当作自然规律的一般命题的结构，根据它们相互间的影响来建立它们的关系，推导出在特定情况下我们可能预期的现象。

只要应用得当，逻辑就不会束缚思想。它赋予人自由，最重要的是，它赋予人勇气。思想若不合逻辑，则迟疑踌躇，下不了结论，因为它或则说不清它的意思，或则道不明它的假设，或则不知在多大程度上能相信自己的假设，或则无法预料对假设的任何修改会带来什么后果。同样，没有在与相关题目有关的建设性逻辑的那部分受过训练的人，对于从各类假设中推导出来的那类结论是无知的，相应地，在推测归纳定律方面就会显得迟钝。这一相关逻辑方面的基本训练，无疑就是训练人积极思考直接观察到的相关事例的已知事实。但在可能进行精微推断的地方，这一精神活动为了达于极致，就应直接研究抽象的逻辑关系。这就是应用数学。

无观察之逻辑，无逻辑之观察，在科学形成的过程中均寸步难行。我们可把人类想象成处于青年与老年相互残杀的冲突中。所谓青年，并非是用年龄，而是用创造的冲动来定义的。老年人，就是那些在所有事情上都不愿犯错的人。逻辑是老年人传递给年轻人的橄榄枝，在年轻人手中它却化为魔杖，具有创造科学的神奇特性。

——1916年科学促进协会纽卡斯尔会议上
A 组的主席发言

第九章 剖析一些科学概念

一 事实

物理科学的特点就是，它忽略一切价值判断，诸如审美判断或道德判断。它是全然据实而不动情的，我们正该在这一意义上来解释这一振聋发聩之语："人，既是自然的仆人，又是自然的使者。"

这样一来，物理科学丢下的思想领域未免太大。它包括本体论，即决定真正存在的东西的性质的理论，换言之，就是形而上学。以某种抽象的观点视之，排除形而上学的研究是桩遗憾的事。那样的研究是对科学价值的必要批判，它告诉我们科学的意义究竟是什么。之所以要小心翼翼地将它与科学思想分开，其理由纯粹是实际的：因为在科学方面，经过一番争论，我们可达成一致，而关于形而上学，迄今为止的争论却加大了分歧。科学与形而上学的这些特性，在文明思想的初期并未被预料到。希腊人认为形而上学比物理学容易,他们倾向于从描述事物性质的先验概念推导出科学的原理。但他们怀抱着强烈的自然主义,以第一手感知为喜,这一灾难性的倾向因而受到抑制。中世纪的欧洲也有这一倾向,但却未受到抑制。有可能在数代之后,人们会在本体论诸问题上达成共识,而那时,科学的进步可能已导致了根深蒂固的对立思想,它既难调和,又无法消除。在那样的时代,形而上学和物理科学将会发生角色互换。同时,我们应根据情况相机处理。

但仍然有一个问题。如果没有预先确定科学到底是什么,人怎么可能达成关于科学的一致意见?要得出答案就须分析构成科学活动领域的那些事实。人们感知,并发现自己在思考自己的感知。重要的是思想,而并非思想的那一感知元素。当直接的判断业已形成,比方说,哦,是红色的!那么我们是否能想象在其他情况下(也许是在更好的情况下)的判断会是,哦,是蓝色的!或甚至,哦,什么也不是!——那也没关系。无论如何,当时它是红色的。另外的一切都是假想的重构。物理科学的领域就是由这些基本思想,以及关于这些思想的思想,构成的。

但,为了避免混乱,我要说,上面所举的关于基本感知思想的例子,是一种错误的简单化。"哦,是红色的!"并非基本的感知思想,虽然它常常是人们首先想到的,甚至在头脑里无声地表达的思想。无物是孤立的。对红的感知是对一个红色客体的感知，该客体与感知意识的整个内容有关。

在那样的关系中，最易分析的是空间关系。再说一遍，那个红色的客体在直接的感知中不过是一个红色的物体。最好把它说成是一个"红色性的物体"（object of redness）。因此，更接近一个直接感知判断的说法就是，"哦，那是个红色性的物体！"然而，这样的表达当然会略去其他更复杂的关系。

科学分析中的这种错误的简单化，过分的抽象化，对普遍性的过度普遍化的倾向，源自更早的形而上学阶段。它产生自这一暗中的信念：我们正努力在用适当的形容词来限定真实。遵循这一倾向，我们便认为，"这一真实的东西就是红色"。而我们真实的目的却是：弄清我们是如何根据表观物（the apparent）的诸关系来感知它的。我们所感知的是与其他表观物相关的红色性。我们的目的是要分析那些关系。

科学的一个目标就是，达于思想的和谐，即确保逻辑对立的判断，不应是思想对意识的表达。另一个目标则是拓展那样的和谐思想。

有些思想直接产生自感觉表象，它们是作为感知的意识状态的部分。那样的思想就是，"那儿有个红色性的物体"。但总的说来，思想并非言语性的，而是对意识内容里的性质和关系的直接领悟。

那样的思想中不可能没有和谐。因为直接的领悟实质上是独特的，不可能领悟到一个物体既是红色的又是蓝色的。随后我们可以判断，如果意识的其他元素原本是不同的，那么领悟的就可能是一个蓝色的物体。于是——在某些情况下——最初的领悟便将被称为一个错误。尽管事实不变，但仍然存在着一个对红色物体的领悟。

当我们说到感觉表象时，我们指的就是这些实质上包含在感觉感知中的原初思想。但存在着关于思想的思想，以及从其他思想衍生而来的思想。这些是继生思想。在这点上，很明显地要对这两者进行区分：前者是实际的思想表达，即一个实际上做出的判断；后者则仅仅是一个命题，它是一个假设的思想表达，即人们所想象的思想表达的一种可能性。请注意，意识的实际的、完整的思想内容，既未明确地被肯定，也未明确地被否定。它仅仅**是**被想到的东西。所以，想到"二加二等于四"显然不同于肯定二加二等于四。在第一种情况中，该命题是思想表达，而在第二种情况中，对该命题的肯定才是思想表达，该命题已下降为一个单纯的命题，即化为了一个被人思考的假设性思想表达。

有时要区分事实和思想。就物理科学而言，事实即思想，思想即事实。也就是说，感觉表象所表现的事实，当其影响科学时，它们就是直接领悟中的那些表现为思想的元素。实际思想的表达,无论是原初的还是继生的,都是科学阐释的物质事实。

事实是给定的,思想是自由的,这一区分并非绝对。我们可选择和修改我们的感觉表象,以便事实——狭义上的,即对感觉表象的直接领悟——在某种程度上受制于意志。再则,我们的思想表达之流只是部分地受到明显的意志的修改。我们可以选择我们的身体经验,我们发现自己在思考;也就是说,一方面,在感觉的占支配地位的必然性中,尚存在着选择;另一方面,意识的思想内容(就继生思想而言),并非全然由意志的选择构成。

因此,总的说来,继生思想有一个很大的原初区域,正如表现感觉表象——它是以类型给定的——的原初思想有一个很大的原初区域。那正是我们思考事物的方式,就我们所知,它并非全然出自抽象的必然性,而是因为,我们从某个环境继承了该方式。我们正是以这种方式发现自己在思考。我们要花很大的力气才能在根本上挣脱这种方式,而且只能是在短暂的孤立时间内。这就是我所谓的"常识思想的一整套装置"。

科学中所假定的正是这一套思想。与其说它是一套公理,不如说它是一种思维方式。事实上它是一套概念,常识告诉我们,它在整理人的经验上有用。它在细节上可修改,但在总体上却是设定了的。科学的解释旨在发现关于自然的概念和命题,以解释这些常识概念的重要性。比如,椅子就是常识概念,分子和电子就解释了我们对椅子的看法。

故科学的目的就是要让我们反思的思想和衍生的思想,与包含在对感觉表象的直接领悟中的原初思想合拍。它也旨在产生在逻辑上交织成一体的衍生思想。这便是科学的理论。至于要达到的合拍,则是理论与观察的一致,即对感觉表象的领悟。

于是便存在着一个双重的科学目的:(1)总结出与经验一致的理论;(2)解释关于自然的常识概念,至少解释其大概。这一解释就意味着,把这些概念保留在某种思想协调一致的科学理论中。

我这样说并非断言,这就是以往的科学家所欲达到的,或自认为能达到的,而只是表示,如果说以往科学的努力有某种程度的成功的话,那么这正是那一努力的实际结果。简言之,我们这儿讨论的是观念的自然史,而不是科学家的意志。

二　客体

我们感知空间里的事物,诸如狗、椅子、窗帘、点滴的水、阵阵的风、火焰、彩虹、钟声、气味,以及疼痛。存在着对这些感知的科学解释。科学是根据分子、原子、电子,它们之间的关系，特别是它们的空间关系，以及在空间传播的这些空间关系的扰动波来解释的。科学解释的原初的元素（分子，等等）并非直接被感知到的事物。比如，我们并不感知光波；视觉感受是数百万这样的波在一段时间内冲击的结果。因此，被直接感知的客体对应于物理世界中的一系列事件，即在一段时间里被延长的事件。但这样说也是不真实的：被感知的客体总是对应于同样的一组分子。几年后我们仍能认出同一只猫，但与我们相关的已是一些不同的分子。

再者，一刻间忽视了科学解释，被感知的客体在很大程度上就是我们想象的假设。当我们认出了那只猫，我们也意识到它见到我们很高兴。但我们只听到它的喵喵声，看见它拱起了背，感觉到它在我们身上摩擦。因此我们必须在这两者间进行区分：一是感觉的许多直接客体，二是思想的单一间接客体，即那只猫。

所以，当我们说我们感知到猫，并懂得它的感情时，我们的意思是，我们听到了听觉的感觉对象，看见了视觉的感觉对象，感觉到了触觉的感觉对象，于是我们想到了一只猫并想象了它的感情。

感觉对象被时间关系和空间关系联系在一起。那些既是共空间也是共时间的感觉对象被思想结合在一起，变成了对一只猫的感知。这种对感觉对象的结合，总的说来是一种缺乏推理的、本能的直接判断。有时只有一个感觉对象在场,比如,我们听到喵喵的声音就说房间里肯定有只猫。从感觉对象到猫的这一过渡,是有意的三段论推理完成的。甚至感觉对象的同时出现也会引起那样自觉的努力。比如,在黑暗中我们感到某个东西,听到从同一个地方发出的喵喵声,于是想:这肯定是只猫。视觉更自信。当我们看到一只猫,我们就不会再想了。我们把看到的形象等同于一只猫,而猫和喵喵声却是分开的。但那样地把一个视觉对象和一个思想对象直接等同起来,会导致错误;小鸟就会误啄阿佩莱斯[①]所画的葡萄。

一个单一的感觉对象是一个复杂的实有。壁炉上的瓦片,作为视觉对象,只要我们在稳定的光线下观察它,且保持自身不动,它就会保持不变。即便如此,它在时间上也是延长的,在空间上也是分成部分的。再者,它与一个自己只是其部分的整体,几乎是可以随意相区分的。然而闪现的火光以及我们位置的改换,就可以改变视觉对象。我们判断,瓦片这个思想对象是保持不变的。火中之煤这个视觉对象却在逐渐地改变,尽管在极短的时间内它可保持不变。我们判断,煤这个思想对象在变化着。火焰从不会保持不变,它的形状只是依稀可辨。

---

① 阿佩莱斯(Apelles,约前4世纪后半期),希腊化时代早期画家,作品虽无真迹存世,但一直被认为是古代绘画大师。

我们便得出结论：一个单一的、自我同一的视觉对象，业已是思想的想象物。且想一下当我们在稳定的光线下维持不动时，瓦片这一不变的视觉对象。于是，在某一时间感知到的一个感觉对象，就不同于在另一时间看到的感觉对象。因此，正午时看到的瓦片就不同于 12 点 30 分看到的瓦片。然而，并不存在瞬间感觉对象那样的东西。我们凝视瓦片时，一分钟，或一秒钟，或十分之一秒钟就已逝去：本质上是存在着时间的绵延。存在着一个视觉之流，我们能分辨它的组成部分。但部分也是流，只是在思想里，流才被分成了接续的元素。流可以是"稳定的"，比如例子中的视觉上不变的瓦片，也可以是"骚动的"，比如视觉中闪现的火焰。在这两种情况中，每一个视觉对象都是"流"中的任意一小部分。

再者，形成视觉瓦片系列的那个流，只是整个视觉表象之流的一个可辨别的部分。

于是，最后，我们认为我们每个人都在经历一个完整的感觉表象的时间流变（或时间之流）。这个流可区分为各部分。之所以可以区分，是因为感觉的差异（包括感觉类型的差异，同类感觉在性质上和强烈度上的差异）以及时间关系和空间关系的差异。而且，那些部分并非互相排斥，而是以无限多样性存在的。

各部分间的时间关系提出了关于记忆和识别的问题。这些问题太复杂，不便在此处讨论。但有一点则必须要说。如果像上面所说的那样，我们承认我们是活在绵延中而不是在瞬时中，也就是说，当前在本质上占据了一段时间，那么，记忆和直接呈现之间的区别就不可能是相当根本性的了；因为我们总是同正在消褪而成为即刻过去的当前在一起。我们意识的这个区域既不是纯粹的记忆，也不是纯粹直接呈现的表象。无论如何，记忆也是意识中的一种表象。

还有一点与记忆有关，也值得注意。一个当前的事件与一个过去的事件之间，并不存在直接感知到的时间关系。当前的事件仅仅与关于过去事件的记忆相关。但是，对过去事件的记忆，本身却是意识中的一个当前元素。我们主张这一原则：可直接比较的关系，只可能存在于意识的元素之间，两者都位于感知发生的那一当前。感知元素间的所有其他关系，都是推论性的构想。这样一来就有必要解释，事件之流中的区分是如何形成的，这个表面的世界如何并未崩塌而成为一个单一的当前。这个困难可以通过如此的观察来解决：当前本身就是一个绵延，所以它包括自己内部的那些事件之间的直接被感知到的时间关系。换言之，由于当前包含了先行事件和后继事件，我们就把它与过去和将来置于同一基础，于是过去、当前和将来在这点上就是全然类似的概念了。因此就会有两个事件，a 和 b，它们都在同一当前。但事件 a 将先于事件 b 而被直接感知到。时间又继续流逝，

于是事件 a 消褪而进入过去，在新的当前绵延中出现了事件 b 和 c，事件 b 先于事件 c，在同一当前的绵延中，也存在着对 a 和 b 之间时间关系的记忆。然后，根据推论性构想，过去的事件 a 便先于当前的事件 c。如此一来，根据这一原则，意识的元素之间的时间关系，即并不在同一当前，便建立起来了。这里所解释的程序的方法，是说明我们所谓的"聚合原则"（principle of aggregation）的首要例子。这是精神构建的基本原则之一，根据它，我们构建起了我们的关于外部物理世界的概念。其他的例子此后会碰上。

部分之间的空间关系是混乱而起伏不定的，总的说来，缺乏确定的精确性。我们若要集中注意力于那些具有相互关系的部分，且那些关系又足够简单，能让我们的智力理解，我们就需要一把万能钥匙。那把万能钥匙就是：删繁趋简的原则。我们将把其称为"趋简原则"（principle of convergence）。此原则贯穿于感觉表象的整个领域。

该原则的首次应用与时间有关。时间的跨度越小，其中包含的感觉表象的诸方面就越简单。变化所造成的令人困惑的后果便减少了，在很多情况下甚至可忽略不计。思想欲实现当前的内容，自然却限制了它的诸行动，要把它们限制在足够短的时间内，以确保感觉之流的更大部分保持静态的简单性。

在短时间的近乎静态的感觉世界内，空间关系简化了。

把这一静态世界分割成具有有限空间内容的各部分，就得到了进一步的简化。由此得到的不同的部分，具有更简单的相互空间关系，如此，趋简原则就又显效用了。

最后，最终的简化是这样获得的：把业已在时间和空间上有限的部分分割成更小的部分，这些更小的部分便有了在感觉类型上同质、在感觉的性质和强烈度上同质的特点。这三个限制过程，最终产生了我上面提到过的那些感觉对象。因此，感觉对象是依据趋简原则而进行的一个主动的区分过程的产物。它是在完全的感觉表象之流内，追求诸关系简化的结果。

感知的思想对象，就是自然基本规律，即客观稳定性规律的实例。这是感觉对象一致性的规律。这一稳定性规律适用于时间，也适用于空间；它也应与其他的那一规律，即产生感觉对象的那一趋简的原则，结合起来使用。

感官表象的有些复合的部分之流可根据以下的特点来区分：（1）属于一个单一的感觉，且包含在任何那样一个复合部分流里的感觉对象，它的时间接续是由很类似的对象组成的，这些对象的改变只是渐次增加的，因而便在复合之流里形成了一个同质成分之流。（2）被局限在任何足够短的时间内的那样一个复合流，它的那些感觉对象（各种感觉的对象）的空间关系，只要被明确地认识到，就是同一的。因此这些形形色色的成分之流（每一个都是同质的），"一致"地形成了复合的部分之流。(3)还有其他的感觉表象与该复合部分流一同发生，它们可由从类似的、具有其他空时关系的复合部分流产生的规则来决定，只要该类似性足够接近。姑且把这些称为"相联系的感觉表象"。总的看来，一个这类的部分之流，在这里可被称为一个"感知的原初思想对象"。

比如，我们凝视一个橘子半分钟，触摸它，闻它，注意它在水果篮里的位置，然后转身离去。在那半分钟里，该橘子的感觉表象之流，就是感知的原初的思想对象。在相联系的感觉表象中，含有我们认为是在支撑该橘子的那一水果篮的那些表象。

各类在短时间内被感知到的感觉对象，之所以能被组合成感知的原初思想对象，其根本的原因是它们诸空间之间关系的一致，也就是说，也许只是被模糊领悟到的那些关系之间的一种近似的一致。就这样，一致的空间关系就把感觉对象联系起来成为原初的思想对象，不同的空间关系将感觉对象从聚合体中分离出来，成为原初的思想对象。对于某些感觉对象的群组，那一联系可能会表现为全然没有推论的直接判断，于是最初的感知思想就是对原初思想对象的思想，而分离的感觉对象，则是作用于记忆的反思性分析的结果。比如，视觉的感觉对象和触觉的感觉对象在思想中就常常最初被联系在一起，随后又被分离。但有时，这种联系却是摇摆不定的。比如,猫的喵喵声这一声音对象与猫的视觉对象之间的联系就是摇摆不定的。总而言之,因为属于这个流的诸感觉感知在同一个地方,故感觉感知的部分之流便结合成了感知的原初思想对象,也就是瞬时的猫。但这样说也同样是对的:因为它们属于同一只瞬时的猫,故它们在同一个地方。这一分析把处于任何当前短时间段的完全的感觉表象之流,分解成了很多原初的思想对象;这样做只是部分地符合事实。原因之一是,因为很多感觉对象,比如声音,具有模糊不定的空间关系。比如我们将其与我们的感觉器官模糊地联系在一起的那些空间关系,还有我们将其与它们的起源(根据科学的解释)模糊地联系起来的那些空间关系。

被凝视了半分钟的那个橘子被引申为普通意义上的橘子,这个过程还包括聚合与假定感觉表象两条原则。

聚合的原则,如这里所应用的,表现为这样的形式:感知的许多分明的原初思想对象被想象成感知的一个思想对象,只要形成这些对象的许多部分之流足够类似,只要它们出现的次数分明,只要那些联系在一起的感觉表象足够类似。

比如,离开橘子五分钟后我们回来。感知的一个新的原初思想对象便呈现在我们面前,它与我们先前经验过的那个被凝视了半分钟的橘子不能区分;它在相同的水果篮中。我们把一个橘子的两个表象聚合为同一个橘子。通过如此的聚合，我们得到了"感知的第二个原初思想对象"。但无论我们能在多大程度上进行这类聚合，这个橘子都不止如此。比如，如果汤姆尚未吃橘子，我们说，橘子在碗柜里，那是什么意思呢？

当前事实的这个世界不止是一个感觉表象的流。我们发现自己是具有情感、意志、想象、概念和判断的。任何进入意识的因素都不是独自存在的，甚至不能孤立地存在。我们是在分析感觉表象和意识的其他因素之间的某些关系。故迄今为止，我们只考虑了概念和判断的因素。为了完成对那个橘子的认识，还有必要加上想象，即对假设表象的想象。争论我们是否应该具有那样的想象，或讨论什么是关于这些想象所对应的实在之形而上真理，都是离题的。我们此处只关心这一事实：那样的想象存在，并有助于形成关于感知的思想对象（它们是科学的最初予料）的概念。我们认为，那橘子是一个由诸感觉表象组成的一个恒久的集合，它们似乎是作为我们意识中的一个实际元素而存在着，但却并非如此。于是那橘子被想象为待在碗柜中，自有其形状、气味、颜色，以及其他性质。也就是说，我们想象感觉表象的假定可能性，且认为它们在我们的意识中的存在事实上是无形的，故缺乏实际性。对于科学必不可少的事实，就是我们的观念；就物理学而言，它的关于实在之形而上学的意义，在科学上并不重要。

　　以这种方式完成的橘子的形象，就是感知的思想对象。

　　必须记住，在感知的思想对象形成过程中出现的判断和概念，主要是本能的判断和本能的概念，而非有意追求的、在采用前有意批判过的概念和判断。对概念和判断的采用被期待所促成并与期待交织在一起；所谓期待，就是希望假设化为实际，其中也含有对其他意识的存在的进一步判断；于是，对某一意识来说大多数是假设的东西，就被判断为对其他意识是实际的了。

　　事实上，感知的思想对象是一种手段，它使得保持在完全的感觉表象之流中的那些关系在我们的反思意识中变得清晰。关于这一武器的效用，可以说毫无可置疑之处。它是整个常识思想构架立足的基石。但当我们考虑到它应用的范围时，证据却是混乱的。我们感觉表象的很大部分可被解释为是对各种持续思想对象的感知，但却不太可能在任何时候都全然用该方式来解释它们。视觉很容易支持这一解释，但视觉却可能遇到阻碍。不妨想想：镜中的映像；一半在水中一半在水外的貌似弯曲的棍子；彩虹，即明亮的光斑，它们遮住了它们所出自的那个物体；还有很多类似的现象。声音则更难解释；它往往在很大的程度上摆脱了任何那样的物体。比如，我们看见了铃，但我们听见的却是来自铃的声音；尽管如此我们也说，我们听见了铃。同样，牙痛在很大程度上是孤立的，只是对牙神经的一种间接感知。从每类感觉中都可收集到说明这同一效果的事例。

另一困难是由于变化这一事实。思想对象被设想为一个事物，在每一刻都是全然实际的。但肉买来后便要烹调，草生长后会枯萎，煤在火中会化为灰烬，即便埃及的金字塔可维持数个世代不变，但也并非是全然不变的。要规避变化的困难，唯有给一个假定的逻辑谬误安上一个拉丁语的术语。略加烹调，肉还可维持原样，但若置于烤箱两天，却会变为灰烬。肉是何时不再是原来的肉的？思想对象的主要用途就在于，它作为此地此时的一件事物的概念，今后在他地他时仍可被识别。这一概念在短的时期内对于大多数的事物、在长时期内对于很多事物都是足够适用的。但作为一个整体的感觉表象，就断然拒绝受此束缚了。

我们现在来到了解释的反思区域，即科学的区域。

应用趋简原则便可一下子消除这一困难的大部分。我们习惯于把我们的思想对象想得过大；我们应将其想成更小的部分。比如，狮身人面像由于缺了鼻子而变化了，但通过适当的调查我们可在西欧或北美的某人家里找到缺失的部分。于是，无论是缺了鼻子的狮身人面像或是缺失的鼻子，都重获了永久性。我们可进一步扩大这一解释，想象部分是如此之小，只有在最适合的情况下才能被观察到。这是趋简原则应用于自然时的广泛引申，但这是得到历来精确观察充分支持的一条原则。

因此,感知的思想对象的变化大都可解释成一种分解,即分解成更小的部分,那些部分本身也是感知的思想对象。预设在文明人普遍思想中的感知的思想对象,几乎全是假设的。物质宇宙在很大程度上是一个想象的概念,它立足于直接感觉表象的薄弱基础。尽管如此,它仍然是一个事实。因为事实就是:我们实际上在想象它。因此它在我们的意识中是实际的,正如感觉表象在那里也是实际的。反思性的批判就是要努力使得我们意识中的这两个因素在其相关之处达成一致,即把我们的感觉表象解释成假设的感知思想对象的实际实现。

大量地使用感知的纯假设思想对象,使得科学能解释某些零星的感觉对象,即那些感觉对象,它们不能被解释成是对一个感知的思想对象的感知,比如声音。但在采取更根本的步骤之前——那样的步骤可改变物质宇宙的整个概念——现象在总体上是不能依此解释的。也就是说,要待科学的思想对象取代了感知的思想对象之时。

科学的思想对象是分子、原子和电子。这些对象的独特之处在于,它们已没有了可在意识中直接表象的那些性质。我们只是通过与它们相联系的现象才知道它们,也就是说,那些包含着它们的一系列的事件,通过感觉表象呈现在我们的意识中。如此,科学的思想对象便被视为感觉表象的原因。从感知的思想对象到科学的思想对象，这一过渡过程被体面地蒙上了关于物体的第一性的质和第二性的质的精微理论的面纱。

这一方法使得感觉表象呈现于思想中；感觉表象就是我们对事件的感知，其中含有科学的思想对象。这是一种基本的方法，通过它，模糊流动的感觉与思想的精确定义之间架起了桥梁。在思想中，一个命题可或真或假，而一个实体却严格地是它之所是，实体间的关系（在概念上）则可用关于分明构想出的实体的确定命题来表达。除非出于礼貌，否则我们只能说感觉感知对这类事是一无所知的。一经考查，它的准确性便经不起推敲。

三 时间与空间

扼要重述。——感知的感觉对象间的时间关系和空间关系。识别了以下的或一说法，这些感觉对象就被区分成了分离的对象：（1）感觉内容是不同的；（2）它们之间存在着时间关系而并非共时的；（3）它们之间存在着空间关系而并非共存的。所以，感觉对象之所以出现，是因为发现完全的感觉表象之流内存在着对比，也就是说，发现对象是彼此相关的项，是使它们形成对比的那些诸关系把它们联系起来的。感觉内容在种类方面的区别是无限错综复杂的。在普遍观念的名下对它们进行分析，这是物理科学永恒的任务。时间关系和空间关系相对简单，而且，据以对它们进行分析的那些普遍观念是显而易见的。

时间和空间的这种简单性，也许就是思想把它们选作客观区分的永恒根据的理由。思想把可如此获得的各种感觉对象扔进一个堆，将其视为感知的原初思想对象，并由此，正如我上面描述的，获得感知的思想对象。因此，一个被视为处于瞬时当前的感知的思想对象，就是感知的原初思想对象，或则是实际的，或则是假设的。这样的一个感知的思想对象，被局限在一个短的时间里，在同一时间内呈现出构成它的那些感觉对象的空间关系。因此，感知的思想对象，就其整个范围而言，彼此有它们完整存在的时间关系，而且，在任何短的时间内，作为它们构成成分的感觉对象之间，在那一短时间里，彼此都有空间关系。

关系是交织在一起的，因此，感知的思想对象在时间和空间上是相联系的。最开始的时候，对感觉表象的客观分析，就是把感觉对象识别成在时间关系和空间关系上分明的项：于是，感知的思想对象就被时间和空间分离了。

整体与部分。——一个感觉对象是完整的表象之流的一部分。这种作为"一部分"的概念，不过是关于关系的说法，即感觉对象与那一意识的完整感觉表象之间的关系。一个感觉对象，也可以是另一个感觉对象的一部分。它可以以两种方式成为部分，即时间上的部分和空间上的部分。时间部分和空间部分这两个概念，似乎有可能都是基础的；也就是说，它们是表达那些直接呈现给我们的关系的概念，而非关于概念的概念。在那种情况下，不可能对实际表象做进一步定义。那时甚至可能定义关于那样一个表象发生的充分标准。比如，如果暂时采用一种实在论的形而上学来解释由分子和电子构成的物质世界是如何存在的，就在本质上无法定义在某个确定的时间为某个确定的人所用的一张椅子的形象。那是他心目中的椅子，虽然我们每个人都会猜想，在类似的情况下那也极相似于我们心目中的椅子。但是，可定义的分子和光波与他的身体感觉器官处于种种可定义的关系之中（他的身体也处于某种可定义的状态），它们的这种存在便形成了椅子那一形象出现的充分的标准，这一标准为法庭所接受，物理科学不言而喻地用它来取代椅子的形象。

"整体与部分"同"全体与一些"，这两者间关系的联系是密切的。就其是直接表象的感觉对象而言，这一联系可作如此的解释。两个感觉对象，如果没有第三个感觉对象同为两者的一部分，就可说这两者是"分离的"。于是一个对象A在以下条件下，便是由B和C两个对象构成的：（1）B和C都是A的部分；（2）B和C是分离的；（3）A的任何一部分都不是既与B分离又与C分离的。在那样情况下，由 B 和 C 两个对象所构成的类 α 就常常在思想里被替换为感觉对象 A。但这一过程却把"整体与部分"这一基本关系预设为了前提。相反,对象 B 和 C 可能是实际的感觉对象,而对应于 α 类的感觉对象 A 却可能仍然是假设的。比如,我们生活于其中的这个球体世界仍然是一个概念,与任何时候、呈现于任何人意识中的、任何单个的感觉对象都不能对应。

然而,却有可能找到某种方式,以此把广延对象间的"整体与部分"的关系,视为逻辑类的"全体与一些"的关系。但在这种情况下,这里所构想的广延对象,却不可能是出现在意识中的真实的感觉对象。因为,正如这里所认为的,一个感觉对象的部分是同类型的另一个感觉对象;因此,一个感觉对象不可能是一个由其他感觉对象组成的类,正如一把茶勺不可能是一个由其他茶勺组成的类。在思想里把"整体与部分"化为"全体与一些",其普通的方式是通过点来描述,即将其描述成一个对象的部分占据了整体对象所占据的点中的一些。如果有人坚持认为,在他的意识中,感觉表象就是一种点对象(point-objects)的表象,一个广延的对象不过就是由聚集在思想中的那样的点对象组成的一个类,那么这一普通的方式就是全然令人满意的。我们将继续假设,这一直接感知点对象的观点是不符合事实的。

在上一章"思想的组织"里曾提到另一种方式。但该方法只适于感知的思想对象，与这里所讨论的原初感觉对象无关。因此，这种方式应该算作是思想后期阶段的一种附属手段。

这样一来，时间中的点对象和空间中的点对象，以及同时在时间和空间中的点对象，就应该被视为理智的构建物。基本的事实就是：感觉对象在时间和空间中广延，并与其他那样的对象保持着"整体与部分"的基本关系，当我们通过一系列相继包含的部分来进行思考时，它服从趋简的规律。

整体与部分的关系是一种时间或空间关系，所以主要是一种在感知的感觉对象间维持着的关系，它只是派生地归属于由感觉对象构成的感知的思想对象。更普遍地说，空间和时间关系主要维持在感知的感觉对象之间，并派生地维持在感知的思想对象之间。

点的定义。——现在可以来研究时间点和空间点的起源了。我们必须区分：（1）感觉时间和感觉空间；（2）感知的思想时间和感知的思想空间。

感觉时间和感觉空间是实际上被观察到的感觉对象之间的时间关系和空间关系。感觉时间和感觉空间，也许除了稀少的足以暗示逻辑思想的例子，是没有任何点的。同时，感觉时间和感觉空间也是不连续的、片断的。

感知的思想时间和感知的思想空间就是维持在感知的思想对象之间的时间和空间关系。感知的思想时间和感知的思想空间,每一个都是连续的。此处,"连续"的意思是,感知的所有思想对象彼此间都有时间(或空间)关系。

之所以用点来表述,最初只是努力要充分利用趋简原则。只要这个原则不适用,点不过就是让人注意某一组感知的思想对象之间的一组关系的笨重方法而已。无论是一组什么关系,虽然只要一个思想对象是实际的它就是实际的,但在这一假设之下,它都无特别的重要性。因此,时间中的点,空间中的点,这些概念在物理学中被证明是重要的,这正好证明了趋简原则的广泛适用性。

欧几里得把点定义为无部分、无大小的。用现代语言来说,点常常被描述为一个可无限持续地缩小其体积或面积的理想极限。如此构想的点常被称为方便的虚构物。这一称呼是模糊的。虚构物是什么意思?如果它指的是一个与任何事实不对应的概念,那么就很难理解它在物理学中如何可能有什么用途。比如,一个虚构的故事,说的是一个红种人穿着绿衣住在月亮上,在科学上就毫无用处可言,只是因为——正如我们会推测的那样——它与任何事实都不相符。把点的概念称为一个方便的虚构物,它的意思一定是,该概念确实与某些重要的事实相符。因此,有必要准确地解释概念所符的事实是什么,以摈弃这种模糊的暗示性。

把一个点解释成一个理想的极限,这对我们帮助不大。什么是极限?极限的概念在级数理论和函数值理论中具有精确的含义，但这两种意义在此都不适用。人们会注意到，在极限的普通数学意义获得精确的解释之前，点，作为一个极限，这一概念可能会被视为一个例子，用来说明某个只能通过直接直觉领悟的概念。我们目前尚未接受这一观点。我们于是又面临这一问题：当一个点被描述为一个理想的极限时，所谓的精确属性意味着什么？现在我们所进行的讨论，目的是要根据感知的思想对象来表达点的概念，这些感知的思想对象被整体与部分的关系（它或则是一种时间关系，或则是一种空间关系）联系在一起。如果此说可取，那么就可这样认为：这一讨论旨在精确阐释"理想极限"（ideal limit）这一经常被如此使用的术语。

我们可用一个小小的符号手段来使得随后的解释更易懂：设 aEb 的意思是，"b 是 a 的一部分"。我们不必决定我们是在谈时间部分，抑或是空间部分，但无论做怎样的选择，它都必须被视为是紧扣相关的讨论。符号 E 可被认为是 encloses（包含）一词的首字母，于是我们便把"aEb"读成"a 包含 b"。再者，"E 的域"是包含或者被包含的事物（即一切事物"a"）的集合，该集合中可以找到 x，使得 aEx 或者 xEa 成立。E 的域中的一个成员被称为"一个包含对象"。

现在我们假定，这一整体对部分的关系——将来我们会称其为"包含"——总是满足这些条件：（1）包含关系是传递性的；（2）包含关系是不对称的；（3）其自身论域包含其逆域。

这四个条件值得稍加注意；唯前两个条件体现了积极参与推理的那些假设。

条件（1）可表述为：a 包含 b 和 b 包含 c 总是暗示 a 包含 c。若一个实体 b 可被发现是这样的情况，即 a 包含 b 和 b 包含 c，那么该事实就可被视为是 a 和 c 之间的一种关系。自然地，可把这一关系写成 E^2。于是该条件现在就写成：如果 aE^2c，那么 a 就包含 c。这还可用另外的方式来表达，即只要关系 E^2 成立，就意味着关系 E 也成立。

条件（2）部分地说来仅仅是个寻常的定义的问题，部分地说来是一个实质性的假设。不对称关系（E）就是，a 包含 b 和 b 包含 a 这两者绝不能同时成立。这一特性可分成两部分：其一，不可能出现 a 包含 b，b 又包含 a，且"a 又不同于 b"的情况；其二，不可能出现 a 包含 a 的情况。第一部分是个实质性的假设，第二部分（就我们而言）则把以下的这一说法化为了寻常的习惯：我们不应将一个对象视为它自己的一部分，而应专注于"适当的部分"。

条件（3）是，"a 包含 b"总是暗示，有可能发现 c 可被 b 包含。这一条件，若与这一事实（我们只是考虑适当的部分）结合起来考虑，它就是在强调这一原则：广延对象是无限可分的，无论是在空间上，或在时间上。

一个不可分的部分在时间上不会有绵延性，在空间上不会有广延性，因而是一个在性质上根本不同于一个可分部分的实体。如果我们承认那样的不可分实体才是唯一真实的感觉对象，那么我们随后的论述就是多余的废话了。

我们会发现，因为存在着与无限选择理论有关的逻辑困难，有必要引入第四个条件。我们没有必要深入这个问题，该问题涉及对抽象逻辑的艰难思考。结果就是，除了假设，我们无法证明那样的集合的存在，它们每一个都包含无数的对象（就是此处被我们称为"点"的东西）。待我立刻来解释。

且想想一个由包含对象组成的集合：（1）它成员中的任意两个都是一个包含一个的；（2）不存在任何一个被其他所有成员包含的成员；（3）不存在任何包含对象，它既不是该集合中的成员，却又被该集合中的每一个成员所包含。且把这种集合称为"由包含对象组成的收敛集"。当我们沿着级数从大成员向小成员移动时，我们显然是在朝着一理想的简单性收敛，该简单性具有我们所预期的任意近似性，而且这整个级数体现了近似路径的完整理想。事实上，让我重复一下，该级数就是一个**由近似性构成的路径**。

现在我们必须弄清楚，是否可指望趋简原则为每一个这样的收敛路径带来同类型的简单性。答案是——正如我们可能会想到的——这取决于要被简化的那些特性的性质。

比如，想想趋简原则在时间上的应用。说到时间，它是一维的。所以，当一维性这一特性被合适的条件表达（这里不予以说明），一个由包含对象组成的收敛集——它被视为一个由近似性构成的路径——就一定会如欧几里得定义所设想的那样，展现出时间独特瞬间的特性。因此，把趋简原则应用于时间无论会获得什么样的简单性，它都肯定会表现为任何那样的近似性路径的特性。

对于空间，则会出现不同的考虑。由于空间是多维的，我们便可证明，不同的、由包含对象组成的收敛集——它们表示不同的近似性路径——可以展现趋向于不同类型的简单性的收敛，其中一些类型比另一些更复杂。

比如，我们且来考虑一个高度为 h 英尺、宽度为 b 英尺、厚度为 c 英尺的长方形盒子。现在让 h 和 b 保持不变，让垂直于厚度的中心平面（即高 h 和宽 b）不变，然后让 c 无限地缩小。于是我们就得到了一个由无穷多的盒子构成的收敛数列，且永不会有最小的盒子。因此，这个收敛数列展现了那个近似性路径，它趋于那类简单性，即表现为由高 h、宽 b 构成的，且无厚度的一个平面。

再者，让高 h 的中线保持固定，让 b 和 c 无限缩小，该数列就会收敛为长度为 h 的线段。

最后，只是让中心点固定不变，让 b 和 c 无限缩小，该数列便会收敛为一个点。

而且，我们尚未引入任何这样的概念——它会阻止一个包含对象由空间中分离的碎片形成。因此，我们易于想象一个收敛成空间中很多点的收敛集。比如，该集的每一个对象可能是由两个并不重合的、半径为 r 的球体构成的，中心点为 A 和 B。然后，通过无限缩小半径 r，并保持 A 和 B 固定不变，我们便收敛到 A, B 这一对点。

现在仍要考虑这个问题：如何仅仅使用基于包含关系的那些概念，把那些收敛为一个点的收敛集从其他类型的收敛集中分辨出来呢？

我们且用希腊字母来命名收敛集；我们不妨通过沿着任何一个这样的集合继续"前行"，来理解构成该集合的包含对象持续地从大到小移动的那一过程。

如果收敛集 α 的每一个成员都包含了收敛集 β 的一些成员，收敛集 α 就将被说成是"覆盖"了收敛集 β。我们注意到：如果某个包含对象 x 包含了 β 集的任何一个成员（y），那么，自 y 起沿着 β 集"尾端"方向前行的每一个成员，肯定就被 x 所包含。因此，如果 α 覆盖 β，α 的每一个成员就包含 β 尾端的每一个成员——从 β 中被 α 包含的最大成员开始。

两个收敛集中的任意一个都可能覆盖另一个。比如，假设一个集（α）是一个由同心球体组成的集，这些同心球体收敛于它们的球心 A，另一个集（β）则是一个由同心立方体组成的集，位置相同，收敛于中心点 A。于是，α 和 β 这两个集便会相互覆盖。

我们不妨把如此相互覆盖的两个收敛集称为"相等"。

于是，只要每一个被它覆盖的收敛集也与它相等，这就是一个充分条件，可确保一个收敛集 α 拥有收敛类型的点。也就是说，如果"α 覆盖 β"总是意味着"β 覆盖 α"，那么，α 就是一个有点态收敛的收敛集。

通过一些简单的例子我们便能容易地看到，向面、线或点的集合收敛的其他类型，不可能具有这一特征。比方说，且想想我们前面所演示的三个盒子收敛的集合，它们分别收敛于中心平面、中心平面中的中心线和中心线上的中心点。第一个集合覆盖第二个和第三个集合，第二个集合覆盖第三个集合，但这些集合中的任何两个都不是相等的。

更困难的是，如何确定这里所指出的足以保证点态收敛的条件是否也是必要的。这个问题表现为：在关于空间的精确数学概念得到阐发之前，感知的思想对象在多大程度上拥有精确的界限？如果它们被视为拥有那样的精确界限，那么，向着那样的界限上的点收敛的收敛集便是可能的了。对完全点态条件进行必要说明，那一过程就变得非常繁复了[1]，此处不予考虑。

---

[1] 参见《形而上学与道德期刊》，1916 年 5 月号。在该期杂志中有篇文章，《空间相对论》，作者在该文末尾讨论过这个问题。（1928 年附录：该文写于 1914 年，同年 5 月在巴黎的一次大会上宣读。我现在并不认为它避开了那一困难。1928 年，在吉福特讲座中我再次讨论了该题目。）——原注

但是，对精确的空间界限所进行的如此的确定，这似乎并不属于感知的真正思想对象。对精确界限的确认实际上属于思想的过渡阶段，即当其从感知的思想对象过渡到科学的思想对象的那一阶段。从直接呈现的感觉对象过渡到感知的思想对象，这一过程就是在历史上形成的一条摇摆不定的思想线。这里标示出的确定的阶段不过是有助于证明，一种可用逻辑解释的过渡是可能存在的。

我们因此认为，上面为确保一个由包含对象构成的收敛集的点态收敛而提出的条件，不仅是充分的，而且是必要的。

可以证明，如果由包含客体构成的两个收敛集都相等于第三个收敛集，它们彼此就是相等的。且想想任意一个点态收敛集（α）。我们要来定义那个点，对于它，α 集合是一条由近似性构成的路径，因为它介于 α 和所有相等于 α 的收敛集之间。这些集合中的每一个都是一个由近似性构成的一条路径，它通向与 α 相同的点。如果我们把那个点定义为一个类，该类是由或属于 α，或属于任何与 α 相等的收敛集的所有包含对象形成的，那么，这个定义就是安全无误的。设 P 为这个由包含对象构成的类。于是任意一个收敛集（β），只要是含有全然从 P 集选出的包含对象，就肯定是一个由近似性组成的路径，收敛至原始点态集 α 所收敛至的同一个"点"。也就是说，只要我们在 β 中选择一个足够小的包含对象，我们便总是能找到一个包含它的 α 的成员；而且，只要我们在 α 中选择一个足够小的包含对象，我们便总是能找到一个包含它的 β 的成员。因此，P 只包含点态收敛集合，而且，任意两个从 P 中选出的收敛集所说明的近似路径，都收敛于同样的结果。

点的用途。——点的唯一用途就是方便采用趋简原则。根据这一原则，当我们考虑到那些在时间和空间上受到足够限制的对象时，某些简单的关系在恰当的情况下便是真实的。引入了点，就可将这一原则贯彻到它的理想限度。比如，假设 $g(a, b, c)$ 表示涉及 a, b, c 这三个包含对象的某个说法，如果这三个对象在广延上受到足够的限制，此说法便可为真。设 A, B, C 为三个已知点，于是我们便将 $g(A, B, C)$ 定义为：无论选择哪三个包含对象 a, b, c，只要 a 是 A 的一个成员，b 是 B 的一个成员，c 是 C 的一个成员，就总是可能发现 A, B, C 的三个其他成员，即 A 的成员 x；B 的成员 y；C 的成员 z，乃至 aEx, bEy, cEz，以及 $g(x, y, z)$。所以，通过足够地深入到 A、B、C 的尾端，我们总能确保有三个对象 x, y, z，对于它们 $g(x, y, z)$ 为真。

比如，假设 $g(A, B, C)$ 意思是"A, B, C 是一个线性序列上的三个点"。这应该解释为，无论选择哪三个客体 a, b, c，只要它们分别是 A, B, C 的成员，我们便总是能找到三个客体 x, y, z，它们也分别是 A, B, C 的成员，而且 a

包含 x，b 包含 y，c 包含 z，同时，x，y，z 在一个线性序列上。

有时，一个双重收敛是必要的，即既是条件的收敛，又是对象的收敛。比如，且想想这一说法："A 和 B 两点相距两英尺"。此时，"相距两英尺"的准确说法，并不适于对象。对于对象 x 和 y，我们应该用这一说法来代替："x 和 y 之间的距离居于极限（$2 \pm e$）英尺之间。"此处 e 是某个数，小于 2，是我们选来用于表述这一说法的。于是 A，B 两点相距两英尺；如果，**无论我们如何选择 e 这个数**，无论我们把 a 和 b 这两个分别是 A 和 B 中的成员想成什么包含对象，我们总是能发现包含对象 x 和 y——它们分别是 A 和 B 中的成员——是这样的：a 包含 x 且 b 包含 y；并且 x 和 y 之间的距离居于极限（$2 \pm e$）英尺之间。显然，由于我们可以任意选择 e 的最小值，这个说法就准确地表达了 A 和 B 相距两英尺的条件。

直线和平面。——但如何对直线和平面进行理性的构想，这一问题仍未得到充分的分析。我们已经解释了这一说法（三点或更多的点是共线的）的意义，而且同样也可懂得如何解释这一说法（四点或更多的点是共面的）的意义，这两种情况都从关于广延对象的更模糊的说法中推导出了准确的几何表述。

这一过程仅考虑到了有限的点数所构成的组，但直线和平面却被认为是包含了无数的点。线和面的这一形成是通过重新应用聚合原则而达到的，正如一个由感知的原初思想对象构成的集，聚合成一个完整的感知思想对象。就这样，当某些交织条件实现时，对点集共线性的反复判断，便聚合成对于形成一个整体的共线组的那些组群所有点的单一判断。对共面性的判断也是如此。这一逻辑聚合的过程可展现在对它的精确逻辑分析中。但此处不必深研其细节。因此我们认为我们的点被分类成了平面和直线，形形色色的几何公理据此而成立。这些公理，由于它们在本质上需要点的概念，因此能够被展现为关于广延对象关系的更模糊的、更不精确的判断。

虚空空间。——应该看到：迄今所定义的点，必然包含感知的思想对象，且位于那样的对象所占据的空间广延中。确实，那样的对象主要是假设的，我们也能把足够的对象置于假想中，以完成我们的线和平面。但每一个那样的假设都弱化了这两者间的联系：一是我们关于自然的科学概念，二是包含在实际感觉表象里的实际被观察到的事实。

奥卡姆的剃刀（Occam's razor），"若无必要，勿增实体"，并不是一条仅基于逻辑优雅的随意规则，它的应用也不纯粹局限于形而上的思辨。我不知道它在形而上学上有效的精确理由是什么，但它在科学上有效却是显而易见的事，即，对假设实体的每一使用都在弱化这一主张：科学推理的必然结果便是思想与感觉表象的和谐一致。假设增加时，必然性便减少。

常识思想也支持人拒绝这一想法：认为所有的空间基本上都有赖于填充它的假设对象。我们认为物质对象填充空间，但我们要问，地球与太阳之间、众恒星之间，或众恒星之外，是否存在着任何对象。对于我们来说，空间就在那儿；唯一的问题是：空间是否被填满。但这一问题形式却预设了虚空空间的意义，即不含有假设对象的空间的意义。

这便把点这一概念的用法扩大了，于是就必须对点给出更广泛的定义。迄今为止，我们认为点表明了对象间的包含关系。因此，我们得到的结论是，点就是我们所谓的"物质点"。但点的概念现在却可转变成用来表明某些可能的外在关系，它们并非包含关系。这是由于扩大了业已为几何学家所知的、想象的点的概念而实现的。

且把"物质线"定义为由共线点组成的完整的共线的类。现在且来考虑一下包含某一物质点的诸物质线组成的集合。且把这样一个由线组成的集合称为一个想象的点。这个线的集合表明了一个可能的位置，即事实上被所有的物质线所共有的物质点所占有的位置。所以，这个想象的点是一个被占据的想象点。现在设想一个由三条物质线组成的集合，其中任意两条是共面的，但并非三条都共面；再想想这样一个由物质线组成的完全集合，其中每一条都与最初选择的三条物质线中的任意一条共面。对于物质线成立的公理使我们能够证明，这一集合中的任意两条线是共面的。由线构成的整个集合，包括那三条原初的线，便形成了一个充分广义的、虚构的点。如此的一个虚构点可被占据。在那种情况下，就有了一个该集合所有的线共有的物质点，但它却可能没有被占据。那样一来，该虚构的点便只是表示了空间关系的一种尚未实现的可能性。它便是虚空空间的点。因此，虚构的点，或则被占据或则没被占据，便被视为几何学这门应用科学的点。这些点分布在直线和平面上。但对这一问题的任何更深入的讨论，都会把我们引入关于几何公理及其直接推论的专业话题。该说的我都说了，已足以证明几何学是如何根据空间的关系理论而产生的。

如此被想象的空间，就是物质世界的思想空间。

四　力场

科学的思想对象被认为与这一思想空间直接相关。它们的空间关系属于那些被思想空间的点所说明的关系。这些关系在科学中的出现，不过是业已内在于常识思想中的那些过程的进一步发展而已。

完全感觉表象的内在关系，由感知的思想对象的概念呈现于思想之中。并非所有的感觉表象都能如此地被呈现；思想对象的变化和消失还会引起思想的混乱。人们曾企图用具有第一性的质和第二性的质的永恒物质的概念，来减缓这一混乱。最后，导致人们把第二性的质归结为对对象所产生的事件的感知，但这样的质——由于是被感知的——与对象全然无关联。而且感知的思想对象也已被分子、电子以及以太波（ether-waves）取代，最后被感知到的绝不是科学的思想对象，而是包含着它们的复杂的系列事件。如果科学是正确的，那么便没有人曾感知到事物，人们感知到的只是事件。结果是，很多地方仍残存的古旧哲学术语，一旦与科学的现代概念发生联系，便使人感到不知所云。哲学——旧日的哲学——认为事物是直接被感知到的。根据科学思想，终极的事物从不被感知，因为感知在本质上出自一系列的事件。这两种观点不可调和。

现代科学概念的长处在于，它能被用来"解释"感觉表象的流动的模糊轮廓。感知的思想对象于是就被看成是处于相当稳定运动状态的一大群分子，虽然不断变化着，却保持着某种特性上的同一性。偶然零星的感觉对象，即不是作为感知的一个思想对象的部分而被给予的，现在也可被解释了：诸如闪烁的反光，隐约听到的声音，气味。事实上，科学世界被感知到的事件缺乏定义却又具有同样的普遍定义，缺乏稳定性却又具有同样的普遍稳定性，正如完全感觉表象的感觉对象，或感知的思想对象。

科学的思想对象，即分子、原子、电子，已获得永恒性。

事件化为了空间结构的变化。决定这些变化的规律就是自然的根本法则。

物理世界的变化规律基于这一假设：世界的先前状态决定变化的特点。于是，要知道直到某一瞬间的世界，或包括任何瞬间的世界的结构和事件，都需要足够的资料，据此来决定事件在整个时间中的接续。

然而，在追溯先前的事件时，常识思想在处理由感知的思想对象构成的世界时，却习惯性地认为，大量的先前的事件与之无关，可被忽略。人们追查原因时，仅局限于考虑前面一小段时间内的少量事件。最后，科学思想中就有了这样的看法，前面任意一小段时间内的事件就足够了。于是，根据这一理论，物理量和它们连续的微分系数在那一瞬间所能达到的任何数量级——不过它们还有那一瞬间之前的极限值——便足以决定那一瞬间之后宇宙在所有时间的状态。人们总结出了更多的特殊规律，但对它们的总结却都基于这一普遍原则。人们还认为，物理宇宙中的更多事件与任何特殊结果的产生无关，那样的结果被认为是出自相对少的先行事件。这些认识出自人类的经验。生活的第一课就是将注意力集中到感觉表象的少数因素，集中到感知的思想对象世界中的更少因素。

思想有意或无意地受其指导的那一原则就是：在寻找具体的原因时，时间和空间上的遥远就是证据，它证明遥远的事件相对说来没有什么影响。这一原则的极端表现形式就是，否认遥远时空中的任何作用。接受这一原则的原始形式，其困难在于：既然不存在相邻的点，那么，就只有重合的物体能互相作用了。对此难题我没有答案——也就是说，或则物体有相同的位置因而是重合的，或则它们位置不同因而是相离的，且并不产生相互作用。

设想出一种持续分布、名叫以太的物质，仍不能避开这一困难。理由有二：首先，以太的持续性并不能避开这一两难困境；其次，这一困难既是时间上的，也是空间上的，该两难境地会证明，不可能有产生变化的原因，也就是说，任何变化了的条件都不会是先前情况的结果。

再则，所谓两个在空间上分离的物体之间的直接相互作用，这一说法无疑违反了关于距离的概念，因为距离这一概念既暗示空间关系也暗示物理上的分离。设想物体虽相距却仍有相互作用，或否认这一作用，在逻辑上都无困难。但这却与常识思想所执著的见解有冲突，后者认为，科学的主要任务就是与感觉表象保持和谐一致，仅可做小小的修改。

现代科学确实对这一争论不关心。它的那些（未被承认的）概念确实相当不同，尽管在字面的解释上还保留着旧时代的形式。概念上的变化，其要点在于，旧的科学思想对象被视为具有一种不属于作为整体的物质宇宙的简单性。

它囿于一个有限的空间区域，它的诸情况的变化只可能是由并不构成其性质本质部分的那些力引起的。人们设想出了以太这一概念来解释这些被动思想对象间的主动关系。这整个观念遭逢了我们上面所提到的逻辑上的困难。再则，用以太如何进行说明，人们也无明晰的看法。据说它拥有一种原始的思想对象所没有的活动力，也就是说，它有潜在的能量，而原子却只拥有动能，一个原子所谓的潜能实际上属于周围的以太。事实上，以太确实不受制于"相距分离则无作用"这一公理，该公理便因此而失去了它所有的效力。

科学的现代思想对象——尚未得到明确承认——具有整个物质宇宙的复杂性。在物理学中，正如在其他地方，人们已心照不宣默默地放弃了从简单中推导出复杂的无望努力。人们所瞄准的不是简单性，而是持久性和规律性。在某种意义上，规律性也是一种简单性。但那是关于稳定的相互关系的简单性，而不是缺乏不同类型的内在结构或缺乏关系的类型的那种简单性。这一思想对象充斥整个空间。它是一个"场"；也就是说，它是标量和矢量在整个空间的某种分布。这些量在空间的每一个点、在时间的每一个点均具有各自的值，它们连续地分布于整个空间和时间中，也可能会发生例外的不连续情况。形成这个场的各类量，在每一个时间点和空间点，彼此之间都有固定的关系。这些关系就是自然的根本规律。

比如，且设想一个电子。存在着电流的一种标量分布，即通常所说的电子。这一标量分布在时间 t 的任何点 (x, y, z) 有体积密度 ρ。因此，ρ 是 (x, y, z, t) 的函数，除了在一个被限制的区域内，它都为零。而且，在任意时刻 t，作为一个必不可少的附加属性，两个矢量 (X, Y, Z) 和 (α, β, γ) 的每一点都有一个连续的空间分布。矢量 (X, Y, Z) 是电力，另一个矢量 (α, β, γ) 是磁力。最后，个性被归于标量电子分布，于是除了它的量守恒外——属于假定的规律——也可能指定该分布的不同的各个部分的运动速度。设 (u, v, w) 为在 (x, y, z, t) 处的速度。

关于标量和矢量之量的这一整个体系，即 ρ，(X, Y, Z)，(α, β, γ)，(u, v, w)，都通过电磁定律相互联系起来。根据这些定律，就标量分布的意义而言，电子会被视为是在每一个从 ρ 本身传播的每个瞬间，都有以真空中的光速向外传播的辐射。据此，(X, Y, Z) 和 (α, β, γ) 都可被计算，只要它们都是由该电子引起的。因此，由该电子引起的那个场，作为一个整体，在任何时候都取决于该电子先前的历史，离该电子越近，相关的历史就越新近。那样一个场的整个体系，就是科学的一个单一的思想对象：该电子以及它的辐射形成了一个基本的整体，即科学的一个思想对象，本质上是复杂的且基本上充满了整个空间。该电子本身独有的，即标量分布 ρ，是该整体的焦点，其本质的核心性质则是：任何时刻的那个场，都全然取决于该焦点先前的历史，以及此前所有时间里的空间关系的历史。然而场和焦点并非独立的概念，实质上，它们在一个有组织的统一体中是相互联系的。也就是说，它们在本质上是一个关系场中相互关联的项。由于该场，实体才进入我们的思想。

一组电子所构成的场是根据聚合的线性规律而叠加的，也就是说，根据类似标量的纯加法，以及类似矢量的平行四边形定律而叠加。每一电子运动的变化，全然取决于它所占据的那个区域中的合成场。因此，一个场可被视为一种作用活动的可能性，但却是一种代表实际性的可能性。

我们会注意到，这里包括两个可供选择的关于因果关系的观点。任何空间区域内的完整场，都依赖所有电子的过去历史，即与它们的距离成比例地向后延伸的历史。这一依赖也可被视为一种传播。然而，那一区域的该电子之所以发生变化，场之所以在时间和空间上都与电子相符，唯一的原因就是该区域的那个场。

认为实际性潜在于可能性，我们把规律性和恒常性引入科学思想时，都要经历这一认识过程。也就是说，我们从事实的实际性走向了可能性的实际性。

根据这一原则，命题便是实际思想表达的产物，感知的思想对象便出自原始的感觉对象，感知的假设思想对象出自感知的实际思想对象，物质点出自由感知的假设思想对象组成的无限的假设系列，想象中的点出自物质的点，科学的思想对象出自感知的思想对象，电子的场出自实际电子的实际交互作用。

这一过程是对逻辑关系的恒常性、一致性和简单性的研究，但它并不会导致内部结构的简单性。科学的每一个基本思想对象都保留着属于整个科学宇宙的所有特质，但保留它们的形式却是以恒常性和一致性为特点的。

五 结论

我们一开始排除了价值判断和本体论判断，做结论时又将它们召回。价值判断不属于物理科学的结构，但它却属于物理科学产生的动机之一。人类构建了科学大厦，因为他们判断这值得去做。换言之，那些动机中包含了数不清的价值判断。再则，到底耕耘科学领域的哪一部分，对此一直都存在着有意识的选择。这一有意识的选择就含有价值判断。这些价值可能是审美的，或道德的，或实用的。也就是说，它们或则是对结构之美的判断，或则是对探索真理的职责的判断，或则是对满足物质需求的实用性的判断。但无论动机是什么，无价值判断则无科学。

同样，人们也不会因为缺乏兴趣而排除本体论判断。事实上，它们作为前提被预设进了生命的每一行为中：在我们的情感中,在我们的自我约束中,在我们的建设性努力中。它们是道德判断的前提。本体论判断的难处在于,如何才能将对常识的原始判断协调一致,人们难有统一的意见。

科学并不减少人们对形而上学的需要。这一需要最迫切的地方与上文所说的"实际性潜在于可能性"有关。只需几句话便可把这一说法解释清楚,虽然这些话难免会涉及本不该由本文来探讨的形而上学的高深之处。

在粗疏的讨论中,关于主体和客体的概念包括两种分明不同的关系。一是整个感知意识与自身部分内容的关系,比如,一个感知意识与一个对它来说明显是红性对象的关系。二是一个感知意识与这样一个实体的关系:该实体并不因为是该意识内容的一部分就是存在的。那样的关系,只要为感知意识所知,就肯定是一种推论出的关系。该推论出自对该感知意识内容的分析。

如此推论的基础肯定是意识中的元素,它们被直接视为超越意识中的直接表象。那样的元素是普遍的逻辑真理,道德和审美的真理,以及体现在假设命题中的真理。这些是感知的直接对象,而不仅是感知主体的情感。它们的特性是:它们既属于个体主体的直接表象,但又不仅仅是如此。所有其他的存在,都是推论出的存在。

在本章中,我们更直接地关注了体现于假言命题中的真理。那样的真理切不可与我们判断自然现象的未来走向时所产生的疑虑混淆起来。一个假言命题，正如一个直言判断，可能是可疑的，也可能不是。同样，正如一个直言判断，它表达一个事实。这一事实有双重性：作为意识中的一个表象，它便只是这个假言命题判断；由于它表达了一个明确的事实，它便说明了一种位于意识之外的关系，该关系在由此推论出来的诸实体之间是成立的。

但这一形而上的分析，虽然简短，却可能错误，充其量只能得到很片面的认同。事实确实如此，而正是这一认同，促使我表达了我原本希望表达的那一观点。物理科学基于思想的元素，诸如表达实际感知的判断，以及表达在某些情况下会实现的假设感知的判断。这些元素形成了整个常识思想的公认内容。它们需要形而上的分析；但它们却属于形而上学所始自的予料。一种拒斥它们的形而上学业已失败，正如物理科学由于不能将它们融入自己的理论也失败了一样。

科学只是使得这一形而上的需要更迫切。在解决形而上问题方面，科学本身所能发挥的直接作用很小。但它确实有所贡献，也就是说，它揭示了这一事实：我们对可感知的表面事物的经验，经分析后能化为某种科学理论——虽不完备却给出了无限发展前景。这一成就强调了，我们的逻辑思维与感觉领悟的诸事实之间的密切关系。科学理论的特别形式也注定会产生影响。在过去，虚假的科学一直是糟糕的形而上学之源。不管怎么说，科学体现了一种严格的考察精神。

它要考察的是形而上学家据以得出结论的那些所有证据中的一部分。

——《教育思想和科学思想的组织》，
威廉姆斯和诺盖特出版公司 1917 年初版，第七章

第十章　空间、时间和相对性

人们已从许多不同科学的立场考虑过关于空间和时间的基本问题。这篇文章卑之无甚高论，只是要把其中的一些观点联系起来。这就要求我们对每一观点做粗略的考查。

数学物理学家发展了他们的相对论，以解释莫雷－迈克尔逊实验[①]以及特鲁顿实验[②]的负面结果。实验心理学家考虑了经验的原始感觉予料如何演变为空间的概念。形而上学家考虑了空间和时间那宏大的一致性，它无始无终，无边无际，毫无例外地囊括了关于它们的一切真理。所有的这些特性更吸引我们的注意力，使我们不去注意被时空条件限制的

---

① 莫雷－迈克尔孙实验（Morley-Michelson experiment），1887 年迈克尔逊和莫雷在美国克利夫兰做的一次著名的物理实验。该实验否认了以太的存在，动摇了经典物理学的基础，成为近代物理学的开端。
② 特鲁顿实验（Trouton experiment），1902 年特鲁顿在都柏林三一学院所做的一项实验，其结果否认了以太的存在。

这个经验宇宙的混乱而偶然的性质。数学家研究了几何的公理，他们通过从有限数量的假设中总结出的最严密的逻辑，推导出了人们认为普遍符合时空的一切。

这些形形色色的思路虽然经过演变，却惊人地少有相互联系。也许情况就是如此。科学的结果从不是完全真实的。通过健康的独立思考，我们也许有时避免了在自己的错误上再加上他人的错误。但毫无疑义，让思想互助互惠的通常方法是：考虑与我们自己的问题相同的或有联系的问题时，要以它们在其他科学中所呈现的方式来思考。

我此处无意对科学的这些不同的分支进行系统的研究。我既无那样多的知识，也无那样多的时间。

首先，我们且来看看无论哪一相对论的终极基础。所有的空间测量都是从空间的材料到空间的材料。绝不会出现虚空空间的几何实体。我们直接认识的几何性质，只是被我们称为空间事物的那些移动着、变化着的现象的性质。太阳是遥远的，球体是圆形的，灯柱是成线性秩序排列的。无论人类从何处得到了一个无限不变空间的概念，都可以肯定地说，它并非直接观察的直接结果。

有两种对立的哲学方法承认这一结论。

一种方法肯定：空间和时间是感性经验的条件；不投射到空间和时间，感性经验便不能存在。因此，虽然可以这样说——我们关于空间和时间的知识是经验给予的，但这样说就不对了——这一知识是从经验中推论出来的，正如万有引力定律是如此推论出来的。它不是推论出来的，因为在经验过程中我们必然会意识到，空间是一个无限被给予的整体，时间是一个无尽的统一的接续。用哲学来表述这一主张便是：空间和时间是感性的先验形式。

另一种对立的哲学方法则肯定：我们的时空概念，同万有引力定律完全一样，是从经验中推论出的概念。如果我们形成了关于点、线、面，以及接续瞬间的概念，并认为它们正如几何公理和时间公理所说的那样是相互联系的，那么我们便发现，我们构建了一个概念，它以我们的观察所能达到的精确度，表现了经验的事实。

这两种哲学主张分别都着意于解释某种困难。先验的理论解释说，空间和时间的规律是绝对普遍的，那一普遍性不属于任何从经验中推论出的概念。经验的理论则解释了空-时概念的起源，但除了在构建物理科学其他概念的过程中人们公认会出现的那些因素外，它没有引入任何其他因素。

但我们尚未处理在讨论空间或时间时，必须牢记心头的那些区别。且把上面这个问题撇在一边：这些空-时概念是如何与经验相联系的——它们在形成之时是什么？

我们可以把空间的点想象成自我维持的实体，它们被空间的基本材料（我称其为质料）所占据，形成了不可定义的关系。所以，说太阳在那里（无论是哪里）就是在肯定这两者间的占据关系：一是那个被我们称之为太阳的、由正负电子构成的集合，另一个则是由点，即那些在根本上独立于太阳而存在的点，所构成的集合。这是绝对空间论。这一绝对理论目前不受欢迎，却自有其值得尊敬的权威，牛顿就是其中之一，所以对待它务必小心有礼。

另一理论与莱布尼茨有关。我们的空间概念是关于空间中事物之间关系的概念。因此，不存在所谓自我维持的点那样的实体。一个点不过是一个名字，用来指常言所谓在空间的物质之间的独特关系。

根据相关性理论，一个点可根据物质事物间的关系来定义。就我所知，该理论的这一结果没被数学家们注意到，他们一律把点当作推理的原初起点。多年前我曾解释过，我们可通过某些方式来实现那样的一个定义，最近，我又想出了另外一些方式。类似的解释也可用来解释时间。在空－时理论根据相关性得出一个令人满意的结论之前，我们将对空间的点和时间的瞬间的定义进行长期而仔细的考察，也要尝试和比较许多实现这些定义的方法。这是数学尚未书写的一章，与18世纪的平行理论的情况大致相同。

在这方面，我想请大家注意时间与空间之间的相似性。在分析我们的经验的过程中，我们区分事件，而且我们也区分那些其变化着的关系形成事件的事物。如果时间充足的话，更深入地思考一下关于事件和事物的这些概念会是一件有趣的事。而现在仅指出这点就够了：事物彼此间存在某些关系，这些关系被视为事物诸空间广延间的关系；比如，一个空间可包含另一空间，或排除它，或与之重叠。空间中的一个点不过是诸空间广延间的关系构成的一个集合。

同样地，事件之间也存在着某些关系，这些关系被我们表达为这些事件诸时间绵延间的关系，也就是事件诸时间广延间的关系。（A、B两个事件的绵延可以是一个先于另一个，或部分地重叠，或一个包含另一个，一共有六种可能性。）一个事件在时间中广延的性质，类似于一个客体在空间中广延的性质。空间广延表现为客体间的诸关系，时间广延则表现为事件间的诸关系。

时间中的点，是一个由时间广延间的关系构成的集合。我们略加思索便可相信，时间中的一个点绝不是直接来自经验。我们生活在绵延之中，而非点之中。然而，除了名字相同，时间中的广延和空间中的广延有什么共同性呢？现代相对论揭示了时间和空间之间的紧密联系，这一问题据此便有了新的意义。

我至今未想出此问题的答案，但我认为，时间和空间体现了客体间的那样一些关系，我们就是根据那些关系来判断客体是如何外在于我们自己的。也就是说，空间和时间中的位置，这两者体现了我们对外在性的判断，同时也许迫使我们做出了那一判断。我的这一认识很模糊，我只好任其不完善了。

形形色色的欧氏度量系统

现在转而来谈数学对几何公理的研究，它那值得我们记住的最重要的成果便是，它揭示了非度量形式的射影几何与度量几何之间的巨大区别。非度量形式的射影几何更为基本。基于点、直线、面的概念（这三者并非都必然被视为不可定义的），且基于这些实体的某些很简单的非度量性质——诸如两点决定一条直线——便可构建几乎整个几何学。甚至可引入定量坐标，以方便推理。但本不必提到距离、面积或体积。点在线上会有秩序，但秩序并不意味着任何确定的距离。

当我们现在查问测量距离会有哪些可行的方法时，我们发现，存在着不同的度量系统，它们都同样是可行的。有三类主要的系统：一类产生了欧氏几何（Euclidean geometry），一类产生了双曲几何或罗氏几何（Hyperbolic or Lobatchewskian geometry），第三类产生了椭圆几何（Elliptic geometry）。不同的人，或同一个人在做选择时，会以同一类型的不同系统，或以不同类型的系统来进行计算。想想以后会使我们感到有趣的那个例子。两个人，A 和

B，同意把同样的三条相交线用作 x, y, z 的轴。他们两人都采用了欧氏度量系统，而且（并非必然如此）两人都同意平面是无限延伸的。也就是说，他们两人对于平行线的意见都一致。然后，根据笛卡尔直角坐标系的那一通常的方法，他们一致认为，P 的坐标是 ON，NM，MP 的长度。至此，一切都协调了。A 将 Ox 上的线段 OU_1 作为单位长度，B 则选定 Ox 上的线段 OV_1 作为单位长度。A 把他的坐标称为 (x, y, z)，B 把它们称为 (X, Y, Z)。

于是他们发现（由于两个系统都是欧氏的），P 无论取哪点，以下的等式都是成立的：

$$X = \beta x, \quad Y = \gamma y, \quad Z = \delta z \quad (\beta \neq \gamma \neq \delta)$$

他们继续调整彼此间的不同，首先着手于 x 坐标。显然，他们沿着 Ox 采用了不同的长度单位。长度 OU_1，被 A 称为一个单位，被 B 称为 β 单位。B 把他最初的长度单位 OV_1 改成了 OU_1，于是得到 $X = x$。然而现在，由于他必须将同样的单位用于他所有的度量，他的其他坐标便以相同的比例改变了。于是我们就得出：

$$X = x, \quad Y = \gamma y / \beta, \quad Z = \delta z / \beta$$

两者根本的分歧现在很明显了。A 和 B 都同意他们沿 Ox 的长度单位。他们的解决方法是，沿该轴取已知线段 OU 作为单位长度。但他们看法不一致的是，Oy 上的哪条线段等于 OU$_1$。A 说是 OU$_2$，B 则说是 OU$_2'$。OZ 上的线段长度问题，情况也是如此。

结果是，A 的球面：

$$x^2 + y^2 + z^2 = r^2$$

成了 B 的椭圆球面：

$$X^2 + \beta^2 Y^2/\gamma^2 + \beta^2 Z^2/\delta^2 = r^2$$

即：

$$X^2/\beta^2 + Y^2/\gamma^2 + Z^2/\delta^2 = r^2/\beta^2$$

于是，两者对角度的测量就全然不一致。

如果 $\beta \neq \gamma \neq \delta$，那么在 O 点就有且只有一组公共直角坐标轴，也就是说，它们都是始于 O 点。如果 $\gamma = \delta$，而 $\beta \neq \gamma$，那么绕着 Ox 旋转时，就会发现无限多个公共直角坐标轴。这对我们来说，是一种有趣的情况。转移到任何平行的轴，同样的现象都会再现。

困难的根源在于，A 的测量尺对他自己来说是一个严格恒定不变的物体，而在 B 的眼中，当其朝不同的方向转动时，长度却在发生变化。同样的，所有满足 A 的测量尺，都违背了 B 对恒定不变性的直接判断，且根据同一规律在变化着。没有办法解决这一困难。只要两把测量尺 ρ 和 σ 中的任意一把被置于另一把上时，两者便重合；只要 ρ 保持静止状态，两人都会同意它没有变化。但当 σ 被旋转时，A 说它是恒定不变的，B 却说它是变化的。为检验此事，ρ 被旋转来测量它，结果完全符合。但虽然 A 感到满意，B 却宣称，ρ 全然如 σ 一样地变化了。于是 B 弄来两个令他满意的、他认为是恒定不变的尺子，而 A 却提出了完全相同的反对意见。

据此我们就说，A 和 B 采用了不同的欧氏度量系统。

人类生活中最奇异的事情莫过于：所有的人似乎都根据同一度量系统来判断空间的量。不过这一说法只限于人的观察所获得的准确度。当我们要努力构建一个自治的物理理论时，我们不得不承认：不同的空-时度量系统都与事物的行为有关。

因此，对空间和时间中量的估计，甚至在某种程度上对秩序的估计，都取决于个体观察者。然而，脱离了那个想象重构的世界，即对于我们每个人来说最有资格被称为我们的实在世界的那个世界，感性经验的原始表现会是什么呢？这里，实验心理学家插足了。我们不能摆脱他。我倒是希望我们能，因为他实在太难理解了。而且，有时他的关于数学原理的知识相当不足，乃至我有时怀疑——算了，我还是不说我有时所想的了，因为他可能也在以同样的理由同样如此地想象我们。

不过我还是要斗胆来做一些结论，这些结论，我认为，与无论是物理的或是心理的实验证据，都是吻合的，当然也是数理逻辑的那一未写之章所需的材料所提出的；那一未写之章，我曾提请过你们注意。空间、时间以及量的概念可分成一组一组更简单的概念。在任何已知的感性经验中，一组完整的那样的概念并非必然适用，甚至并非通常适用。比如，外在性的概念可无须线性秩序的概念而适用，线性秩序的概念可无须线性距离的概念而适用。

另外，关于空间关系的抽象数学概念，可能会与适用于已知感知的明显不同的概念相混淆。比如，来自观察者的线性投影那样的线性秩序，就明显有别于跨越视线的一行客体那样的线性秩序。

数学物理假设了一个由明确相关的诸客体构成的已知世界，而形形色色的空-时系统则以不同的方式表现那些关系；它们把那些关系表现为也适于观察者直接经验的某些概念。

然而，肯定存在着某种方式，它表现了一个共同的外部世界中诸客体间的关系。不同的方法只可能是不同立场的结果；也就是说，是让观察者添加的某物（似乎是）停留在宇宙中的结果。

然而，这种把物理科学的世界想象成是由假设的客体构成的方式，将它化为了一个单纯的童话故事。真正实际的东西是直接的经验。演绎科学的任务就是要思考适于这些经验予料的概念，然后思考与这些概念相关的概念，如此持续以达到必要的精微程度。当我们的概念变得越抽象，它们之间的逻辑关系便越普遍，也越来越不容易出现例外。通过这一逻辑构建，我们最终明白了：(1) 它们在个体的经验中有明确的例证；(2) 它们的逻辑关系特别流畅。比如，数学时间和数学空间的概念，就是那样的流畅概念。谁也没有生活在"一个无限已知的整体"之中，而是生活在一个由碎片经验构成的集合中。困难在于，如何通过一个逻辑构建的过程来展现，关于数学空间和时间的概念就是这些碎片的必然结果。其他的物理概念，情况也是如此。这一构建过程，是从零碎的经验世界构建了一个由概念构成的共同世界。埃及的那些物质的金字塔是一个概念，实际的东西是凝望过它们的那些种族的碎片经验。

只要科学试图摆脱假设，它就不可能超越这些普遍的逻辑建构。对于被如此设想的科学，上面所提到的那些歧异的时间秩序并不显得困难。不同的时间系统不过是记载了数学构建物与那些个体经验（实际的或假设的）之间的关系，那些经验可作为详尽阐发该构建物的原始材料而存在。

但无论如何，充分发挥数学构建物以避免一意参照具体的经验，这应该是可能的。无论经验予料是什么，肯定总是存在着某种可把它们说成是一个整体的东西，那一某种东西就是表达共同世界普遍性质的一种说法。我们很难相信，通过适当的概括，在那样的性质中发现不了时间和空间。

如果我对康德的理解是正确的话——我得承认我的理解很有问题——那么他的主张就是：在经验行为中，我们意识到，空间和时间是经验的发生所必需的成分。我想提出——颇有几分胆怯地——应该对这一学说进行一次不同的扭转，事实上是将其转向相反的方向——也就是说，在经验行为中，我们感知到了由相互区别且又彼此相关的部分构成的一个整体。这些部分之间的关系具有某些特点，而时间和空间就表现了一些这样的特点。于是，归于时间和空间的普遍性和统一性就表达了可被称为经验结构的统一性那样的东西。

人类在推导统一的自然规律方面的成就，虽然不大，却证明了这一经验结构的统一性超越了表现为时间和空间的经验予料的那些特点。时间和空间在这样的意义上对于经验是必要的：它们是我们的经验的特点；而且，当然，只要不进入时间和空间,谁也得不到我们的经验。我认为,康德的推论不过大致就是这样的意思:"实然者,即然。"——对倒是对,但却并无多大用处。

但我承认,我所谓的"经验结构的统一性"是一个奇异而引人注目的事实。我乐意相信它不过是一种幻象;且在本文的后面,我要提出,这一统一性不属于经验原始予料的直接关系,而是人们用更精微的逻辑实体(诸如关系间的关系、关系的类或关系类之类)来取代它们时所造成的结果。通过这一取代方法,窃以为可以表明:应该归于经验的统一性,具有一种比人们通常认为的更抽象的、弱化了的特点。把物理世界统一的时间和空间提升到逻辑抽象概念的地位,这一过程还有一个好处,那就是,认识到了又一个事实,即所有直接的个人意识经验,其性质都是极其碎片化的。

在这方面,我的观点是:碎片化的个人经验就是我们所知的一切,所有的思辨都必须始于这些碎片,它们是思辨唯一的予料。事情并非是:我们直接意识到一个流畅运行的世界,在我们的思辨中它被想象成是给定的。依我之见,创造世界就是思辨思想的第一个无意识行为;而一种自我意识的哲学,其首要任务就是要解释它是如何被造就的。

大致说来有两种对立的解释。一种解释坚称,世界是一个假定。另一种解释则认为,世界是推论出来的,但不是通过一连串的推理,而是通过一连串的定义得来的推论。

事实上，那些定义把思想提升到了一个更抽象的层次，在那个层次上，逻辑概念更复杂，它们的关系也更普遍。就这样，有限的碎片经验支撑着那个无限的连接一体的世界，在那个世界里，我们生活在我们的思想中。要说明这点，我想赘言数语：

（1）直接经验能够演绎出这一更抽象的层次，这一事实肯定就意味着，它本身就具有某种结构的统一性。正因为如此，这一重大事实就仍然维持不变。

（2）我不想否认世界是一个假定。公正地说，在我们目前哲学发展的基本状态中，倘若没有居间的公理，我真不知道哲学还能如何继续前进。事实上，我们习惯于假设居间公理。

我的主张是：通过仔细的考查，我们应将那些可有可无的假定从我们系统知识的每一部分中排除出去。

我们各种感觉的表现彼此之间存在着关系，现在物理科学把关于这些关系的知识整理起来了。我坚信，在这一知识部门，那样的假定即便不能被彻底排除，也可以我所描述的那种方式被最大限度地缩减。

我们再次注意到，从另一个视角来看空间的关系理论，便把我们带回到了基本空间实体的概念，即认为空间实体是从事物间关系得出的逻辑构建物。区别在于，这段文字是从一种更进步的观点来写就的。因为它暗中假定了空间内的事物，且把空间想象成它们的某些关系的表现。把这段话与前面所说的结合起来，我们便看到，我们所提出的程序首先是根据经验的予料定义"事物"，然后再根据事物间的关系定义空间。

我要强调这一点：我们关于物理世界的唯一准确的予料，就是我们的感性感知。我们一定不要跌入这样的谬误，即认为我们是在比较一个给定的世界和给定的对它的感知。物理世界，就这一称谓的某种普遍意义而言，是一个推论出的概念。

事实上，我们的困难在于，让世界符合我们的感知，而不是让我们的感知符合世界。

——1915年在英国科学促进协会曼彻斯特会议上的发言

译后记

本书译竣后本打算循例写一个"译者序言",但思虑再三还是决定免了:哲学家的话实在是说得太清楚透彻了,不容译者厚颜赘言、佛头著粪。但我仍愿把一些零星的感受写在书后,与读者分享,希望得到教正。

一

在审读译稿期间,我受朋友之托译了保加利亚过程协会负责人文森林的一篇论文《整体论与怀特海教育学的形而上学基础》。该论文的主要观点是:怀特海的教育理论是其过程哲学在教育上的应用。我斗胆有个相反的观点:怀特海的教育实践和理论启发了、丰富了他的过程哲学。也就是说,并非过程哲学"成形"后,哲学家才将其应用于教育学,恰好相反,怀特海从他的教育实践中(自不待言,还有在数学、物理的研究实践中)总结出了他的教育理论,后来升华为他的过程哲学。我的证据是,收在本书中的文章除开"大学及其职能"一章（1927），都发表于怀特海的主要哲学著作之前。再者，在教育这一具体领域的理论升华为形而上学、过程哲学，这也符合他自己的"从具体到普遍"的说法。

比如，他关于"虚空空间"的理论。最初，这只是一个数学概念：所谓"虚空空间的点""只是表示了空间关系的一种尚未实现的可能性"（本书第192页）。后来这发展成为过程哲学中的一个重要概念，在《过程与实在》一书中有较为详尽的论述。后来它被当代著名过程哲学家柯布简略地解释成："所谓虚空空间，就是空无群集的空间。""没有群集秩序，于是就可能产生新颖。"（柯布：《过程与实在》术语汇释）。所谓"空无群集的空间"，就是什么关系也没建立起的"空间"，是一种"混沌"状态，但这种状态却是产生新颖的契机。

再比如他的这一说法："这个世界是一个观念的世界。"在本书中怀特海是如此解释的："物质宇宙在很大程度上是一个想象的概念，它立足于直接感觉表象的薄弱基础。"也就是说，宇宙浩渺无涯，人类对它的认识无论如何都只能算是坐井观天。诚然，随着人类的进步，这个"井口"在不断地扩大，但同宇宙比较起来，人类接触到的外部世界仍然是沧海一粟。所以人类据以认识世界的"直接感觉表象"是一个"薄弱的基础"。这一学说在他的后期著作中有更好的阐释。比如，在《怀特海谈话录》中，他便说得更为通俗易懂：

"最小的卵石，其内部也含有一个宇宙，其复杂的程度不亚于我们所知的那个宇宙；我们最近才开始领悟的那个或那些宇宙，与其广袤的外部相较，其微小的程度可能相当于卵石与我们所知的宇宙相比；或者其广袤程度在相反方向可能巨大得多，即我们所设想的无穷小的那个方向。"

二

本书虽名《教育的目的》，其实谈的是教育面面，其中闪光的思想不少，可谓警句迭出。给译者印象最深的，是谈"节奏"的地方。教育的整个过程是讲究节奏的，省略或跨越了某一阶段，都会有可怕的结果。大到人的一生，小到一堂课，都有节奏的问题。经验丰富的教师可把一堂课的节奏把握得恰到好处，或则浩浩荡荡直奔高潮，酣畅淋漓，达于极致；或则话到妙处，戛然而止，点燃好奇之心，却又且听下回分解，让学生充满无限期待，真可谓庖丁解牛，运斤成风！而不懂得节奏的教师则会忽略学生学习的朦胧浪漫阶段，过早地把他们拽入了精确阶段，使其不堪重负，失去了心智冒险的乐趣。

我由此想到了翻译的节奏。不同的节奏会形成不同的风格，译文若误用了节奏，会导致读者对原作精神的误解。不妨以高尔基《海燕》的两段不同译文为例：

A. 白濛濛的海面的上头，风儿在收集着阴云。在阴云和海的中间，得意洋洋地掠过了海燕。

B. 在苍茫的大海上，风，聚集着乌云。在乌云和大海之间，海燕像黑色的闪电，高傲地飞翔。

译文 A，整段文字的节奏拖沓，而译文 B 由于节奏把握得好，则显得生气勃勃，与充满整篇文章的那种战斗气息十分合拍。（当然这里还有用词的色彩问题：白濛濛—苍茫；得意洋洋地—高傲地）

好的理论会化为普遍真理，启发不同行道的人，这正是怀特海所说的"真理达于更高程度的普遍性"！

三

在翻译此书的过程中，我不时想起多年前商务印书馆一位编辑对一份诗歌译稿的评语：这不是诗，也不是文，而是一串串的字！话虽调侃，却道出了翻译的三种境界：把诗还原为诗；把诗降而为文；把诗变成一串串的字。每一个译者其实都面临这个问题：你是在还原作品，或是在还原符号？本书序言的作者菲利克斯·弗兰克弗特特别提到了怀特海文章的"沛然文采"，所以译者在译此书的过程中在这点上特别花了一点心思，希望把"诗"还原为"诗"，而不要把文采沛然的原作化为面目可憎的"一串串的字"。当然，理想不等于实际，到底是"诗"，是"文"，还是"字"，还有待读者的评判。

  本书的策划丛晓眉女士不嫌译者的浅陋，再三鼓励我将本书译出，

  责任编辑魏雪平先生为本书付出了巨大的辛劳，

  本书有关数学、物理的几章（六、八、九、十）承蒙西南石油大学教授邓燕博士校对，

  谨此，衷心致谢！

2022 年 5 月 30 日于成都

图书在版编目(CIP)数据

教育的目的/(英)怀特海著;周邦宪译.—北京:商务印书馆,2023
ISBN 978-7-100-22663-9

Ⅰ.①教… Ⅱ.①怀…②周… Ⅲ.①教育目的—文集 Ⅳ.①G40-011

中国国家版本馆 CIP 数据核字(2023)第121733号

权利保留,侵权必究。

教育的目的

〔英〕怀特海 著
周邦宪 译

商 务 印 书 馆 出 版
(北京王府井大街36号 邮政编码100710)
商 务 印 书 馆 发 行
山东临沂新华印刷物流
集团有限责任公司印刷
ISBN 978-7-100-22663-9

2023年8月第1版　　开本 889×1194　1/32
2023年8月第1次印刷　印张 7¼
定价:68.00元